华章IT
HZBOOKS | Information Technology

区块链技术丛书

BLOCKCHAIN ENGINEERING PRACTICE

Industry Solutions and Key Technologies

区块链工程实践

行业解决方案与关键技术

鲁静 ◎ 著

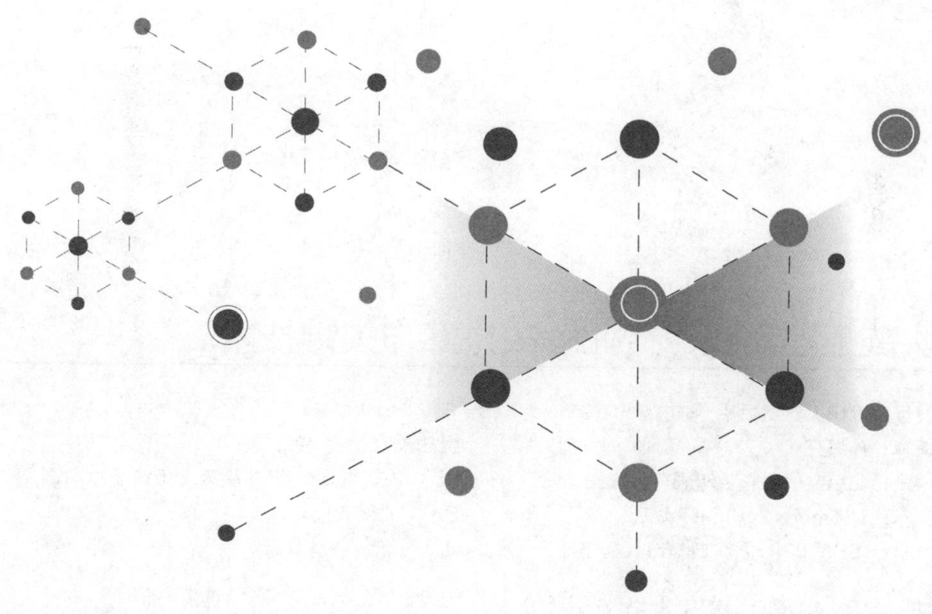

机械工业出版社
China Machine Press

图书在版编目（CIP）数据

区块链工程实践：行业解决方案与关键技术 / 鲁静著．—北京：机械工业出版社，2019.6（2020.6 重印）

（区块链技术丛书）

ISBN 978-7-111-63109-5

I. 区… II. 鲁… III. 电子商务－支付方式－研究 IV. F713.361.3

中国版本图书馆 CIP 数据核字（2019）第 133730 号

区块链工程实践：行业解决方案与关键技术

出版发行：机械工业出版社（北京市西城区百万庄大街 22 号 邮政编码：100037）

责任编辑：孙海亮　　责任校对：殷　虹

印　　刷：北京文昌阁彩色印刷有限责任公司　　版　　次：2020 年 6 月第 1 版第 2 次印刷

开　　本：186mm × 240mm 1/16　　印　　张：11.5

书　　号：ISBN 978-7-111-63109-5　　定　　价：79.00 元

凡购本书，如有缺页、倒页、脱页，由本社发行部调换

客服热线：（010）88379426 88361066　　投稿热线：（010）88379604

购书热线：（010）68326294　　读者信箱：hzit@hzbook.com

Preface 前　言

为什么要写这本书

当我5年前第一次接触区块链时，马上就被它组织自治、群体协作、大众智慧的运作模式吸引住了。于是我整理了一份资料，向我的朋友、同事甚至客户介绍这门新技术。遗憾的是，当他们听我讲完对等网络、默克尔树、非对称加密、共识算法、智能合约这些拗口的专业术语后，仍然搞不清楚区块链可以为他们带来什么好处。直到一次宣讲课后，移动互联部门的同事主动找到我，说他们正在做一款电子证照产品，遇到了数据库壁垒、权限设计、隐私保护的问题，问我有没有可能用区块链来解决。要知道，这正是可以发挥区块链特长的地方！经过和业务人员一周的深入讨论，我们形成了公司第一个区块链应用——可信电子证照的初步方案；在之后的三个月内，我们完成了可信电子证照的产品演示，并获得了首届中国区块链技术创新应用大赛的二等奖。这件事情让我明白，一个成功的区块链应用需要解决的最核心的问题是，区块链对于解决业务痛点是否是必要和可行的。

自从“区块链”大热以来，社会上各类区块链应用层出不穷。一时间，这门新技术似乎成为各行各业的必需品，网络上甚至出现了“区块链马桶”的恶搞段子。从经济角度考虑，一个区块链系统相比于原生系统多出至少7倍的成本，这些多出的成本能为我们带来什么回报？这个回报是不是值得我们付出7倍的成本？我想这是每一个区块链应用在构建之初就需要解答的问题，也是我们在每一个项目开始之前就要分析业务和区块链的匹配度的原因。区块链的根本在于通过技术手段将信息交换和价值交换的信任成本降到最低，这不仅是技术上的创新，更是对生产关系的革新。作为价值互联网的基础设施，区块链最先改变的是金融体系，因为这里信任的代价最大，规则也最容易被写死并合约化。未来，随着共识效率的提升、加密算法的演变、物联网与人工智能的协同发展，区块链将逐步渗透到各行各业，从金融的自我监管过渡到社会的自治。

我所关注的能源互联网是区块链的天然土壤，对区块链有着刚性需求。2016 年国家发改委、能源局和工信部共同发布了《关于推进“互联网 +”智慧能源发展的指导意见》，提出建立一种互联网与能源生产、传输、存储、消费及能源市场深度融合的能源产业发展新形态，实现“设备智能、多能协同、信息对称、供需分散、系统扁平、交易开放”等目标。人与人、人与物、物与物、园区与园区之间的能源共享会越来越普遍。也许就在未来 5 年，你就可以像发红包一样，用 App 发一个能量块给你的邻居，发一个能量块给你的特斯拉，再发一个能量块给你的扫地机器人；随着机器智能飞速演进，也许你的特斯拉能精准地嗅到商业气息，将它的剩余电力共享给别的特斯拉，为你挣钱！那么，用什么来保障这种能源共享经济里的信任环境呢？用什么让陌生人、物之间不用相互猜忌、也不依赖第三方，遵从一致的游戏规则自由地进行能源交换呢？答案就是运行在区块链上的智能合约。正如陈利浩先生在《区块链与“自由人的联合体”》一文所说，人类的天性是渴望和追求自由，没有任何人愿意被强制管理，而区块链是“自由人的联合体”理想的信息实现形式。

虽然任何变革都不是一步到位的，也许能源公链在目前看来还遥不可及，但是电改 9 号文标志着电力市场化全面放开，并且一旦开始就将无法回头，只会势不可挡地朝着更加透明、公平、自由的市场化交易模式演变。这种模式对市场成员、交易品种、交易合同都提出了新的要求：市场成员增多、交易品种趋于复杂化、交易规则趋向于定制化，结算压力较传统模式大大增加。这就要求结算系统能够灵活拓展，账目能够在不同主体间保持一致性和实时性。我们目前开发的几个应用都是围绕着电力行业展开的，如电力市场交易结算智能合约、购售电云合同，通过在不同组织之间构建联盟链，达到规则的共享和价值的协同。在未来的分布式商业模式下，公司的边界将被重新定义，取而代之的将是一些去中心化的自治组织和分布式自主运作企业，公司间的竞争将演变为组织与组织间、行业与行业间的竞争。在这个演进的过程中，区块链是协调分布式组织（如供应链）中每个参与者的权利和义务，发挥群体协作和群体智慧的良好解决方案。

本书结合我和我所在团队的项目实践经验，通过 5 个具体的区块链案例说明区块链技术是如何一步步和实际业务相结合，服务于集团管理、智慧能源和社会互联的。在每一个案例中，都会分析区块链技术和当前业务痛点的匹配程度，梳理国内外的研究进展和应用落地情况，然后给出我们的解决方案。方案一般包括总体设计、业务设计、功能接口设计和架构设计，有的给出了系统交互和实施方案。在每个案例的末尾还提供了我们使用的关键技术和方法，以及部分实现代码和实验结果。希望通过本书，能够帮助读者理解区块链可以用在何处，能够发挥什么作用，以及如何构建一个具体的区块链应用。

读者对象

本书的读者对象包括但不限于：

- 区块链应用设计者；
- 区块链应用开发者；
- 区块链爱好者；
- 能源互联网关注者；
- 集团和社会治理者；
- 使用区块链参与业务应用的公司与集体；
- 开设相关课程的大专院校师生。

本书特色

与同类书籍比较起来，本书的特色体现在：

（1）笔者及其团队多年区块链实战经验的精华总结；

（2）通过 5 个具体的区块链案例说明区块链技术如何应用到实际业务中；

（3）侧重实用性，迅速提高读者的实战能力；

（4）缜密的匹配性分析，真正体现区块链价值，不是为了区块链而区块链；

（5）从落地案例和学术层面分析区块链在具体领域的应用情况和研究进展；

（6）介绍实际应用中与区块链相关的技术，如数据上链方式、可信智能电表、能源终端交互方式、小额电费支付方法、云存储与区块链、数据交互智能合约、微服务与区块链、物联网设备与区块链等。

勘误和支持

除封面署名外，参加本书编写工作的还有王超、向智宇、宋斌、张建冬、程晗蕾、吴士泓。由于笔者的水平有限，编写时间仓促，书中难免会出现一些错误或者不准确的地方，恳请读者批评指正。如果你有宝贵意见，也欢迎发送邮件至邮箱 lujing@ygsoft.com，期待能够得到你们的真挚反馈。

致谢

首先要感谢“中本聪”先生发明了区块链技术，并开创了区块链的第一个应用——比特币，将这个伟大的、改变世界的技术带入人们的视野。

其次要感谢远光软件股份有限公司为我提供的良好的学习、工作环境和资源，让我组建团队挑战一个又一个区块链项目。感谢董事长陈利浩先生，您对人类理想社会的孜孜追求和对区块链技术的高度认可是指引我前进方向的明灯。

感谢客户对我们的信任，把区块链项目交给我们团队来完成。这些项目实践经验是本书创作的基础。

感谢远光区块链团队的黄昭慈、王超、向智宇、宋斌、张建冬、何畅、李毅、程晗蕾、镇华、何威、龚强、瞿威、何乐、徐银、张志明、孔智、陈娇阳、仝建华、陈磊、万行、任枭、王波、喻攀黎、杨帅、郭超、杨志、杨骥、许文柱、张欣、钟俊、李浩、邓江坤、徐学章、程欢、高诗阳、胡蝶、陈浩罡、杨晓珊、李洪富、谌艺文、邓肯、钟华欣、杨庆、刘亚建、黄越、邱永星、张航，以及给予我支持和帮助的部门和同事们，区块链项目的一个个落地离不开大家的共同努力。感谢黄建元先生、黄笑华先生、李美平先生、向万红先生对本书提出的宝贵意见和建议。

感谢国家留学基金委和滑铁卢大学（University of Waterloo），让我有机会远赴加拿大进行为期一年的访问学习，并在滑大区块链社区（UW Blockchain Club）认识了许多区块链爱好者。我的大部分书稿都是在访学期间整理完成的。

感谢机械工业出版社华章公司的编辑杨福川老师、孙海亮老师，在这一年多的时间中始终支持我的写作，你们的鼓励和帮助引导我顺利地完成全部书稿。

深深感谢我的父母对我生活上的关怀和无微不至的照顾，感谢我的先生对我学术和生活上的帮助，感谢我可爱的女儿给我带来的欢乐，你们的幸福一直是我奋斗的动力。

谨以此书献给区块链的爱好者们，献给所有崇尚自由的灵魂！

鲁　静

目　录 *Contents*

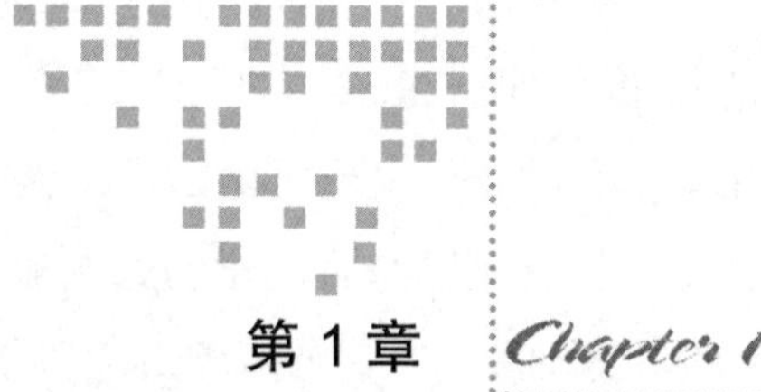

第 1 章 Chapter 1

基于区块链的可信电子证照

证件作为个人从事社会活动和企业生产经营的一种具有法定效力的文件，是现代生活中必不可少的工具。在严谨的证件审批管理体制下，烦琐的程序和庞杂的材料证明使得“证件多、办证难、用证烦、核查慢”等办证问题频现，既影响民众生活，阻碍企业正常运营，又降低了行政效率，成为长期以来民众诟病的大问题。与此同时，传统的纸质证照不仅会造成资源浪费，促使重复性证明成为常态，更重要的是难以杜绝证件伪造现象，造成信任危机，同时还存在证照信息分享不畅、易丢失、易损毁等一系列问题。随着信息技术的发展，电子证照应运而生。电子证照不仅可以提高相关人员办事效率，还可以解决纸质证照无法解决的资源浪费和易伪造等问题，甚至可以打通不同的电子政务系统，从而更好地为民众服务。

1.1 背景与现状

1.1.1 电子证照的发展历史

自党的十八大召开以来，利用信息手段解决“证件多”和“用证难”等问题已成为社会共识。国务院办公厅《关于促进电子政务协调发展的指导意见》（国办发 [2014]66

号）明确指出："积极推动电子证照、电子文件、电子印章、电子档案等在政务工作中的应用"；澳门在 2005 年年底正式推出《电子政务发展纲领（2005—2009）》，提出"运用资讯科技及行政现代化手段，提高政府部门施政质素和效率，降低行政运作成本，持续令公民得到贴身且满意的公共服务"的愿景。自 2016 年以来，国务院先后发文提出构建电子证照库，并明确要求积极推动电子证照、电子公文、电子签章等在政务服务中的应用，实现"一号一窗一网"，为居民提供"记录一生，管理一生，服务一生"的服务。目前，国内已有 80 多个试点城市在不同程度地建设电子证照库，但各地都建有自己的信息系统，信息化水平也存在差异，电子证照库的实施困难重重。如何打通不同的信息系统、令证照互认，是亟须解决的技术问题。

国内目前的电子证照管理平台主要采用集中共享模式，由中心数据库来完成证照的制作、存储、信息查询和交换共享，数据库的拥有者掌握着数据库的访问和更新权限。但由于需要管理的人口众多、社会发展水平不均衡，短时间内把不同地区、部门的公民信息完全集中并实时联网，建立"集中的公民信息库"很难实现，因为建立"集中的公民信息库"需要通过体制改革与机构合并实现数据集中和信息联网，在当前条件下，这在管理和技术上的实现都相当困难，存在跨地区、跨部门应用流程复杂、管理性能不高等问题，无法适应大规模、多样化电子证照管理和验证服务需求。同时集中式数据库并没有有效控制证照信息的保密制度，或者有目的性的指定授权，使其对所有办事机构公开，这样证照持有人的信息没法得到有效保护，被攻击篡改和泄露的风险较大，致使证照可靠性打了折扣。

近几年各类研究机构、企业对电子证照也展开了日渐深入的研究。《一种电子证照信息交互的系统及方法》[1] 公开了一种电子证照信息交互系统，包括主控端、存储端、签发端、授权端、查验端和服务端，证照持有人可以根据不同的办事流程对不同的办事机构进行电子证照的授权查验；《一种非介质电子证照系统》[2] 包括远程信息数据库系统、通信网络和系统终端，提供了一种能克服现有介质证照不足且能基于 GPS、智能手机满足社会智能管理条件的非介质证照系统；《电子认证在可信电子证照中的应用》[3] 通过在电子证照中增加带有数字签名的二维码形成可信电子证照，保证了证照的真实性和不可篡改性；《基于数字证书互联互通的身份认证支撑平台及认证方法》[4] 公开了一种基于数字证书互联互通的身份认证支撑平台以及身份认证方法，将各应用系统需要进行数字证书认证的请求统一集中到基于数字证书互联互通的身份认证支撑平台进行处理。以上研究均对信息系统进行了不同程度的优化，也取得了一定效果，但其基本思路仍是依托第三方认证机构，建立中心数据库存储数据，然后进行各部门共享，这并不能从根本上解决信息壁垒及证照信息互信互通的问题。

1.1.2 区块链在电子证件和身份认证领域的国内外发展现状

区块链（blockchian）技术 [5] 是随比特币等数字加密货币兴起的一种新型分布式数据组织方法及运算方式，通过去中心化来集体维护一个可靠数据库的技术。该技术将一段时间内的两两配对数据（比特币中指交易）打包成数据块（block），然后利用具有激励性质的共识算法让点对点对等网（p2p 网络）中的所有节点产生的数据块保持一致，并生成数据指纹验证其有效性然后链接（chain）下一个数据块。在这个过程中，所有节点的地位都是对等的，没有所谓的服务器和客户端之分，因此被称为去中心化的方式，这很好地解决了数据在存储和共享环节中存在的安全和信任问题。通过区块链技术，在数据共享过程中可明确数据的来源、所有权和使用权，达到数据在存储上不可篡改、在流通上路径可追溯、在数据管理上可审计的目的，保证数据在存储、共享、审计等环节中的安全，实现真正意义上的数据全流程管理，进一步拓展数据的流通渠道、促进数据的共享共用、激发数据的价值挖掘、增强数据在流通中的信任。同时，基于区块链的分布式共享“总账”这一特点，在平台安全方面，可达到有效消除单点故障、抵御网络攻击的目的。这些特点使得区块链技术特别适合应用于具有保密要求的大数据运算领域。

近年来，国外已有一些研究机构和企业将区块链应用在电子证件认证和身份认证领域（见图 1-1）。2015 年 7 月，区块链初创公司 ShoCard 获 150 万美元投资，将实体身份证件的数据指纹保存在区块链上。用户用手机扫描自己的身份证件，ShoCard 应用会把证件信息加密后保存在用户本地，把数据指纹保存到区块链。区块链上的数据指纹受一个私钥控制，只有持有私钥的用户自己才有权修改，ShoCard 本身无权修改。同时，为了防范用户盗用他人身份证件扫描上传，ShoCard 还允许银行等机构对用户的身份进行背书，确保真实性。2015 年 9 月，去中心化的管理项目比特国 (Bitnation) 在区块链上实施“电子公民”（e-Residents）计划。用户在其官网上通过区块链登记成为 Bitnation 的“公民”，并获得 Bitnation“世界公民身份证”。2015 年 12 月，Bitnation 与爱沙尼亚政府签署协议，将为“电子公民”项目提供公证服务，无论他们身居何处，在何处做生意，都可以在区块链上享受结婚证明、出生证明、商务合同和其他服务。区块链是一个公共账本，全世界数以千万计的计算机都存储着其副本，具备公开公证的可复制性与不可更改性，比目前各国使用的传统公证方法更安全。2016 年 6 月，美国国安局向区块链初创公司 Factom 拨款 19.9 万美元用于物联网设备数字身份安全性开发，利用区块链技术来验证物联网设备，阻止因设备欺骗而导致的非授权访问，以此来确保数据完整性；美国区块链公司 Certchain 为文档建立数据指纹，提供去中心化的文件所有权证明；OneName 公司则提供了另一种身份服务，即任何比特币的用户都可以把自己的比特币地址和自己的姓名、Twitter、Facebook 等账号绑定起来，相当于为每个社交账户提供了一个公开的比特币地址和进行数字签名的能力。

图 1-1 区块链在电子证件认证和身份认证领域的应用案例

在国内，有一些研究机构也在开展区块链在电子政务方面的应用研究。闵旭蓉等人[6]设计了一种电子证照共享平台，利用区块链技术的去中心化、不可篡改、分布式共同记账、非对称加密和数据安全存储等特点，实现电子证照的安全可信共享，实现各地、各部门和各层级间政务数据的互联互通，支撑政府高效施政。黄步添等人[7]明确了电子证照参与者的权利和义务，基于联盟链思想和轮值机制，设计区块链平台的系统架构、数据结构和业务流程，提供电子证照的颁发、存储、更新、验证等功能，实现多中心、协同式电子证照管理，从而为电子证照拥有者以及相关应用系统提供便捷的电子证照服务。蒋海等人[8]提供了一种区块链身份构建及验证方法，有效缓解了因个别认证机构的问题影响用户身份信息准确性的情况，然而其原始数据来源为第三方认证机构，未能解决数据的真实性问题，且其只进行身份验证，未与其他证件锚定，扩展性不强，发挥的作用有限。

此外，有一些教育和科研机构将区块链技术应用于教育证书领域。2015 年，麻省理工学院的媒体实验室（The MIT MediaLab）应用区块链技术研发了学习证书平台，并发布了一个类似“比特币钱包”的手机 App[9]。学习者可以利用该 App 存储和分享自己的学习证书，随身携带、随时展示，且拥有重申成绩的权力。学习者不能擅自更改学习证书的内容，但能自主决定将什么证书展示给哪个访问者。在查询时，将数字证书的密钥点对点地发送给用人单位或学生等有关需求方，确保证书不会被恶意查询。无独有偶，位于旧金山的软件培训机构——Holberton School 从 2017 年开始利用区块链技术记录学历，并在区块链上共享学生的学历证书信息。同样，学分也可以通过这项技术认证和交换。对于学生来说，这一应用拓宽了他们获得教育评价的途径，方便了学习记录和学历信息的保存。从更长远的眼光来看，利用区块链记录跨地区、跨院校甚至跨国学习者的信息，可以使在不同环境中学习的学习者获得同样有效的学习记录。区块链技术在教育证书方面可能的应用方式包括：为在线教育提供有公信力和低成本的证书系统；作为智能合约，完成教育契约和存证；作为分布式的学习记录存储，记录学习轨迹，共享学习学分。从应用规模和范围来看，区块链在教育领域的应用范围可以小到单个教育机构、学校联盟，大到全国甚至全球性的教育互认互通联盟。

1.2　区块链与电子证照的匹配度分析

在电子证照应用中引入区块链技术，可以借助区块链的去中心化同步记账、身份认证、数据加密和数据不可篡改等特征，确保电子证照信息可信任且可追溯，使各社会主体共同建造、共同维护、共同监督，从而满足公众的知情权、监督权，增强电子证照的客观性与可信度，提高政务工作效率及公民和法人的办事效率。区块链与电子证照的匹配度分析如下所示。

（1）**打破政府信息壁垒**：区块链采用分布式数据库架构，不需要跨部门、跨地区的数据集中，不需要构建多级数据管理中心，不改变政府部门的现有业务系统。区块链构建新型的部门协作模式，提高其协同的流通效应，促进政府部门间信息的可信流动。与中心数据库集中共享模式比较起来，这种模式建设难度更低，实施可行性更高。

（2）**规避道德风险**：政府业务部门只需要将市民信息开放给市民使用，不需要对其他部门开放，防止用户信息泄露。同时，点对点查证实现证照信息仅在持证人与查证人之间流动，规避第三方参与时的道德风险。

（3）**可信的存在性证明**：发证机构通过对电子证照文件签名，将发证记录保存在区块链上，可证明其于某一确定时刻合法存在，杜绝证件伪造现象，从而促进社会互信，降低公众信任成本和企业商业活动成本。

（4）**持证人可监督证照使用过程**：区块链通过交易打包的形式保存不可篡改的发证、用证、验证及更改记录。持证人可在客户端实时查看电子证照在何时何地被查验和使用过，避免证照在不知情的状况下被他人冒用，大大降低了使用风险。通过加盖时间戳，区块链衔接更新后的证照与原始版本，连续性也会得到保证。

（5）**可审计性高**：电子证照文件经过哈希运算多点备份保存在区块链上，数据安全性高。由于加盖了时间戳使得证件使用记录可追溯，可为审计部门提供更可信的数据支撑，避免重复认证，减少资源浪费。

（6）**证照信息互信互通**：主链进行身份认证，侧链认证各种证照（结婚证、不动产证、学位学历证、营业执照证、卫生许可证），侧链与主链双向锚定，实现证照信息自由流动，积累大量应用数据，逐步提供征信服务，助力诚信社会建设。

1.3　基于区块链的可信电子证照方案设计

1.3.1　业务设计

基于区块链的可信电子证照用于政府部门给公民发放电子证照，以取代纸质证照，并通过区块链保存不可篡改的发证、收证、查证记录，使各社会主体共同建造、共同维护、共同监督，从而满足公众的知情权、监督权，增强电子证照的客观性与可信度。

从业务功能上来说，可信电子证照应用包括登记、发证、收证、查验几个环节，如图 1-2 所示。登记环节由公民在指定业务部门完成实名登记，申请开通电子证照；发证环节由公民根据需要申请个人电子证件，并由政府或第三方机构发放电子证照；收证环节用于公民接收、存储、管理自己的电子证照；查验环节主要由查验工作人员对公民提供的电子证照进行查验，证明个人身份或办理相关业务。

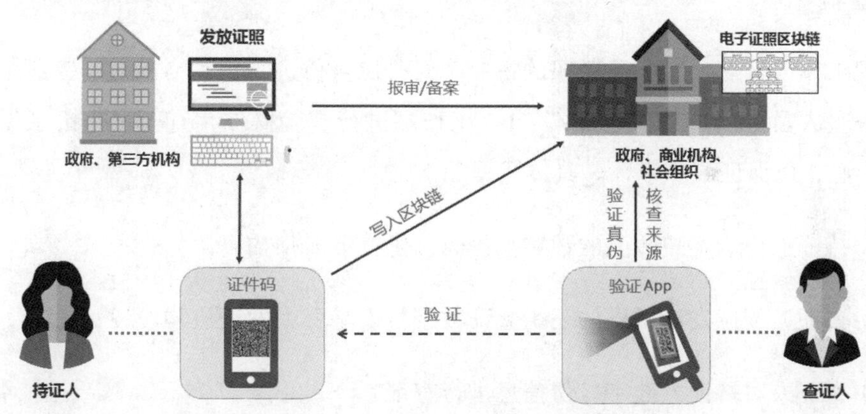

图 1-2　可信电子证照的业务流程

1. 登记

实现公民电子证照的日常开通、注销、变更申请工作。公民根据个人在指定的业务部门完成实名登记后，即可办理电子证照的开通、注销、更改等日常业务。

2. 发证

实现公民电子证照的发放。公民申请开通电子证照后，由公民提出申请，可信电子证照应用平台根据申请信息为公民发放个人电子证照。电子证照通过彩信、手机客户端等几种渠道进行发放，申请的个人电子证照通过手机客户端进行统一管理。具体流程如下：

（1）持证人通过手机客户端向政府的发证机构提供个人信息，申请一个数字身份。

（2）发证机构审核持证人信息，生成持证人的数字身份；发证机构用其私钥对持证人的数字身份签名后，发送给持证人，以及向电网信息中心报审 / 备案。

（3）持证人使用自己的公钥对接收到的有发证机构签名的数字身份进行加密，并提交数字身份区块链。

（4）数字身份区块链完成验证和共识过程，实现数字身份的记账。

3. 查验

实现工作人员对公民电子证照的查验，对公民身份进行识别、核对，完成个人身份证明。查验人员可通过手机客户端、PC 工作端进行查验操作，查验操作记录保存在统一管理中心，以保证事后审计。具体流程如下：

（1）持证人出示客户端上的数字身份码，供查证人扫描；

（2）查证人利用发证机构的公钥验证数字身份是否为发证机构所发；

（3）查证人对持证人数字身份信息进行查证。

可信电子证照应用平台包括统一管理中心、用证端、发证端和查证端四部分。其中统一管理中心为用证端、发证端和查证端提供基础支撑功能服务和数据网络服务。用证端是提供给公民使用，即持证人获取、管理及使用电子证照的应用程序，持证人可以通过彩信、手机客户端两种方式获取电子证照。发证端将与政府的各个业务系统实现对接，采用嵌入式，不影响现有业务系统的运行，并提供相应的调用发证服务。查验端是提供给查验工作人员查验电子证照时使用的应用程序，其可以安装在 PC 端，也可以安装到移动端。

1.3.2　架构设计

从业务流程上看，基于区块链的可信电子证照是一个典型的分布式应用（DApp），因此我们采用以太坊的技术底层作为支撑，其基础技术架构自下而上包括数据层、网络层、共识层、合约层和应用层。结合电子证照应用的需要，我们设计了如下技术架构（见图 1-3），主要分为技术层、服务层和用户层。

- 技术层运用以太坊平台，将证照信息及使用记录进行区块化封装，连接成区块链；
- 服务层以技术层为基础，向用户提供会员制服务、区块链服务、电子证照服务；
- 用户层主要表现形式为公民用户 App、发证机构前端，以实现用户与用户之间、用户与发证机构之间的信息交互。

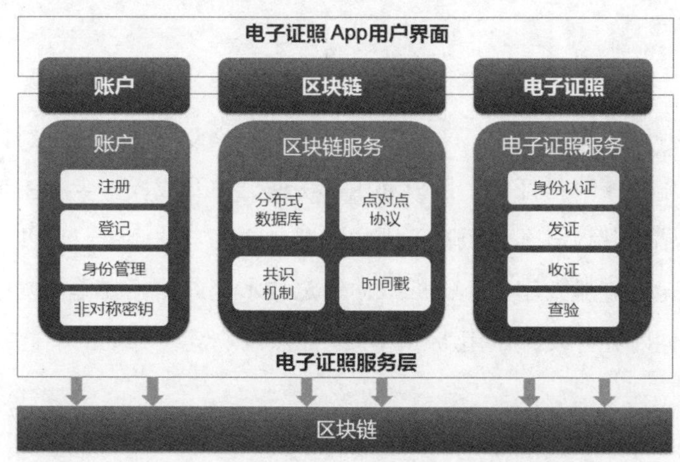

图 1-3　总体架构

如图 1-4 所示，对数据进行区块化封装，每个区块细分为区块头和区块体两部分。其中，区块当前的版本号、上一个区块的地址、时间戳、当前区块哈希值与随机数封装在区块头内；当前区块的交易数量以及经过验证的、区块创建过程中生成的所有记录封装在区块体中。区块体由 Merkle 树组成，在 Merkle 树的叶子节点上，保存着每一笔发证、收证、查证和换证的记录，这些数据通过两两 Hash 计算向上形成 Merkle 树的根记入区块头。

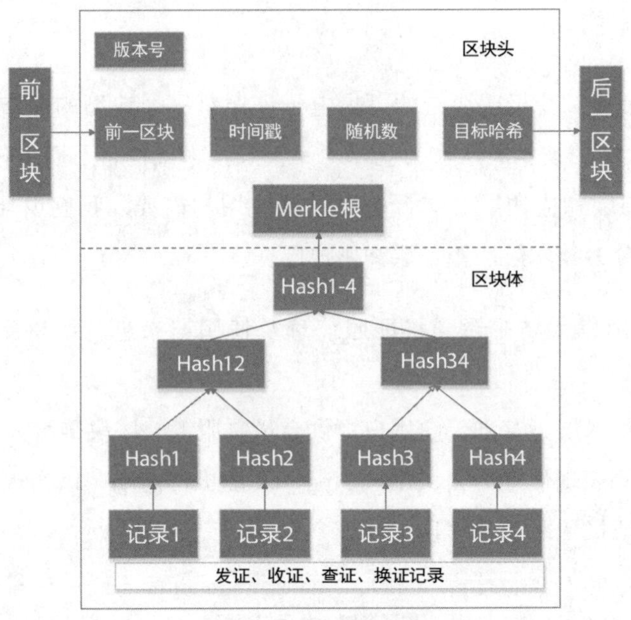

图 1-4　区块结构图

根据不同证件的业务类型，采用主链和侧链[10]双向锚定的设计加以区分。如图 1-5 所示，主链用于身份证明，用户利用身份证、护照或社保卡在主链上完成身份认证，再通过主链锚定其他电子证照；不同的证照对应各自的侧链，以便于划分不同的业务数据，提高登记、查验效率。侧链的双向锚定技术允许信任在不同网络间传递，建立个人信用体系；同时允许发布试用版本的电子证照区块链，对主链不造成影响。

图 1-5　侧链设计

1.3.3 交互设计

1. 身份认证阶段

身份认证系统主要涉及区块链平台、用户 App 和后台管理系统的交互。对于业务系统注册账号分 3 个不同的角色：普通用户、制证机关用户、查验机构用户。普通用户身份认证如图 1-6 所示，发证机构身份认证如图 1-7 所示。

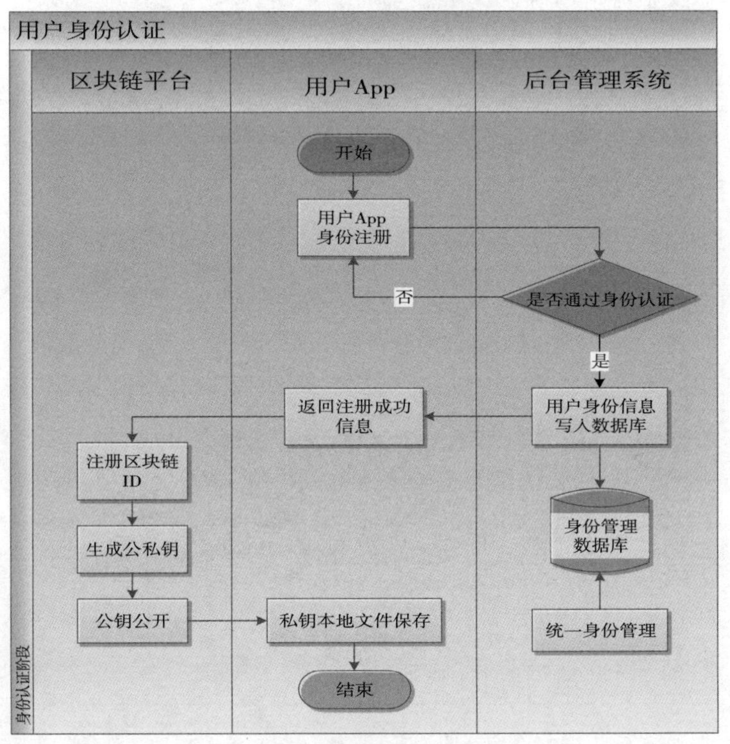

图 1-6　用户身份认证

首先，用户登录系统 ID，后台管理系统进行身份认证。如果通过则将用户身份信息写入身份管理数据库，并向用户返回注册成功信息，否则重新注册。

其次，注册区块链 ID，由用户信息（姓名、单位、城市、国家及其他代表用户身份的信息）生成全网唯一的身份标识，根据这一身份标识，判断用户是否为新用户。我们利用 Hash 算法生成全网唯一身份标识。原则上，同样的输入会产生同样的 Hash

输出，而不同的输入产生的输出肯定不同。这类的 Hash 算法有很多，我们主要采用 SHA3 、最大量 2128 算法。后台管理系统可以保存当前区块链中所有用户的全网唯一身份标识，可将认证机构根据用户信息生成的全网唯一身份标识与存储过的全网唯一身份标识进行对比，来判断该用户是新用户还是老用户：若未找到存储过的全网唯一身份标识则为新用户，否则为老用户。

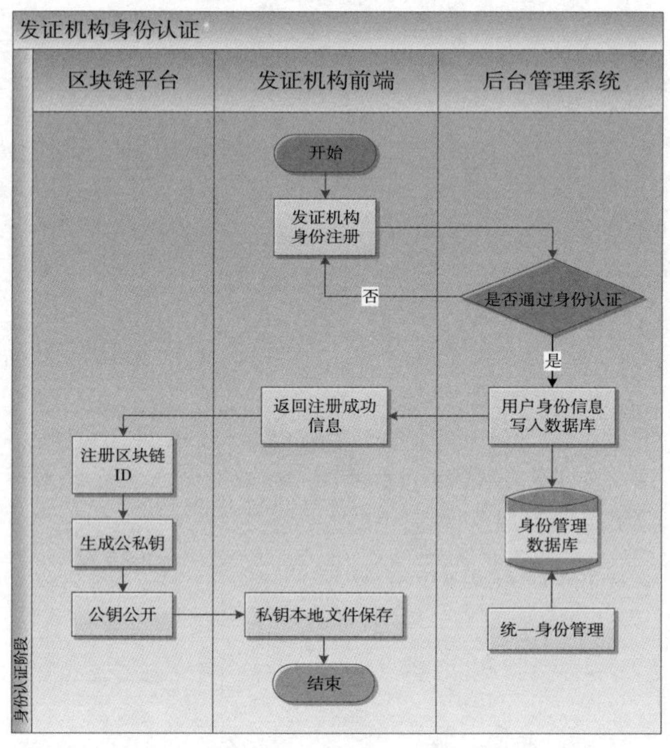

图 1-7　发证机构身份认证

2. 发证、收证阶段

收发证系统主要涉及用户端、区块链平台、发证机构前端和政府业务库的交互，如图 1-8 所示。

首先，用户 A 由 App 向发证机构 B 请求签发电子证照。

其次，政府业务库未查找到证照记录则返回申请步骤，查找成功则通过发证机构前端进行制证发证，发证机关签名，通过请求信息获取用户 A（持证人）的公钥（地址）。

再次，发证机构用自己的私钥和用户 A 的公钥加密，平台输出该笔交易的 Hash 值，向全网广播用户 A 的发证记录，记录证件信息的区块编号，写入区块链。其他机构收到了发证机构 B 的广播信息，并对用户 A 的身份信息进行确认。

最后，持证人在 App 上验证发证机构签名，确保信息未被篡改，在区块链上用私钥解密完成收证，发证机构公钥解密作为存证。

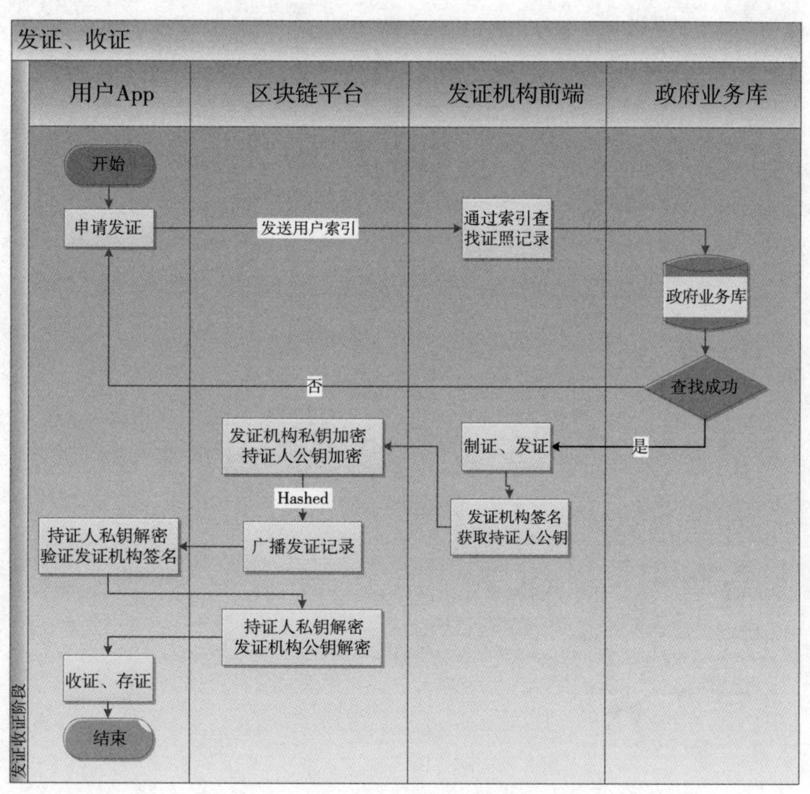

图 1-8 发证、收证

3. 换证阶段

换证系统同样涉及用户端、区块链平台、发证机构前端和政府业务库的交互，如图 1-9 所示。

用户 A 由 App 向发证机构 B 请求更改电子证照，输入 A 的区块链地址、发证组织机构代码以及用户公钥加密的证件信息。发证机构 B 接收到用户 A 的更新请求后，首先根据用户信息查询该用户的已有身份证书，如果未找到，则更新失败；如果找到已有身份证书，则比较已有证书中的用户公钥、颁发者、有效期等信息与更新请求中的信息是否一致，如果一致则更新失败，如果不一致则为用户创建新的电子证书（同发证步骤）。

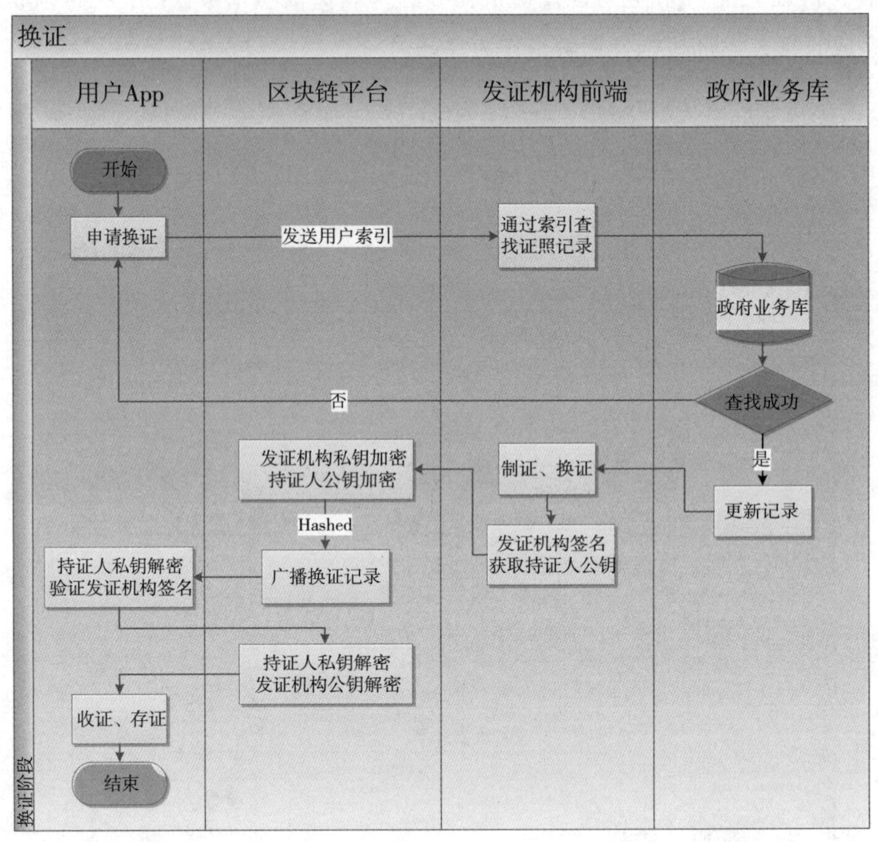

图 1-9 换证

4. 查验阶段

查验系统主要涉及查证人用户端、持证人用户端、区块链平台的交互，分为远程查验（见图 1-10）和线下查验（见图 1-11）。

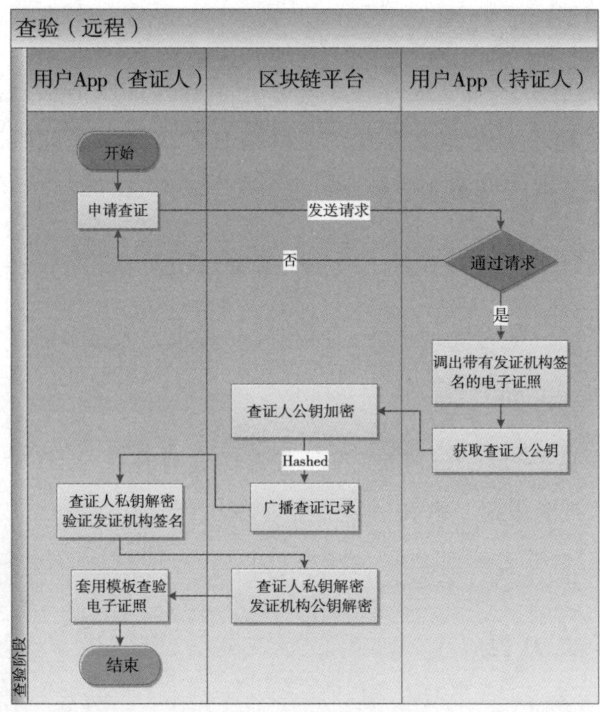

图 1-10　远程查验流程

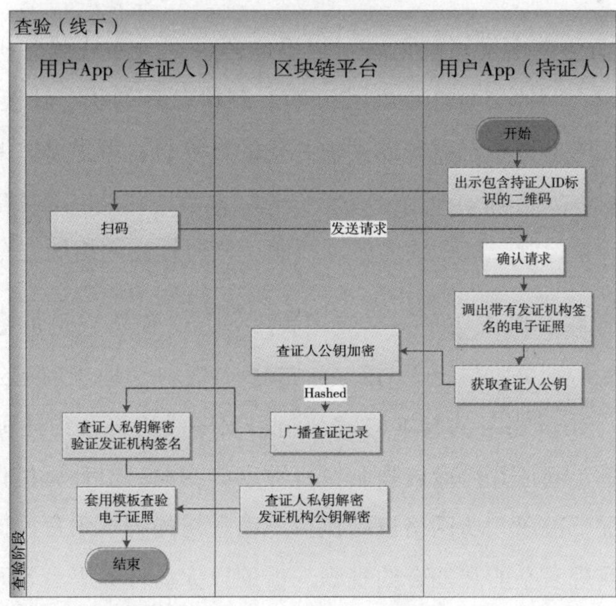

图 1-11　线下查验流程

远程查验步骤如下：

（1）查证人C通过用户端直接向持证人A申请查验证照信息，若持证人A拒绝请求则查证失败，通过请求则会调出带有发证机构B签名的电子证照，由查证人C用其公钥加密后，向其他节点广播查证记录；

（2）查证人C验证发证机构签名，用私钥解密套用模板进行证照查验。

远程查验满足了用户随时随地进行证照查验的需求，大幅节省了社会交往、商务活动的成本。

线下查验则首先需要查证人C扫描持证人A的含有其自身ID标识的二维码，之后向持证人A发出证照查验申请，并按远程查验步骤进行。

1.4 关键技术及方法

1.4.1 以太坊的账户体系

从计算机科学的角度出发，以太坊可以看作是一个分布式状态机，其中交易区块等同于状态转换函数，新的交易区块由从状态A到状态B的状态转换记录构成。因此，以太坊就像一个巨大的虚拟状态引擎或去中心化的计算机，可供多方共享计算平台并基于此运行智能合约。以太坊有一种原生资产——以太币，它是以太坊生态系统中的价值基础。以太币用于调整运营智能合约的激励机制，同时提高网络的安全性。

与比特币比较起来，以太坊是一个应用程序平台，而不仅是加密货币。比特币主要用于交易，而以太坊则可以执行更为复杂的规则，是一个用于构建分布式应用程序的平台。以太坊有一个图灵完备的脚本语言，利用程序代码将合约规则实例化成智能合约。智能合约是表达、验证并协商或强制执行数字合约的一段计算机代码，它可以在没有任何第三方的情况下被以太坊网络自动执行。以太坊的脚本语言比比特币的脚本语言要强大得多，可以实现复杂的智能合约规则。借助以太坊计算平台，开发人员可以用分布式应用程序（DApp）替代集中式应用程序。因为没有集中的数据库可以成为黑客的目标，DApp 极大地增强了网络安全性。典型的 DApp 案例包括去中心化的内容发布平台 Steemit、社交网络 Synereo、去中心化的打车平台 LaZooz、音乐版权平台 Ujo Music 和去中心化的就业市场 Ethlance 等。

比特币和以太坊之间的另一个区别在于，比特币是基于 UTXO（未花费的交易（tx）输出）的，而以太坊是基于账户体系的区块链。在比特币中，交易的所有输入必须在 UTXO 数据库中才有效。UTXO 是先前交易中未支出的金额，需要确认为未花费用作为当前交易的输入，比特币用户的可用余额是由其私钥控制的 UTXO 总和。而以太坊使用基于账户的模型，用户的可用余额记录在用户的账户中，该账户具有用户的地址、余额以及可选代码字段中的任何数据。例如在比特币中，Alice 拥有控制一组 UTXO 的私钥；在以太坊中，Carol 拥有控制由地址、余额和代码字段组成的账户的私钥。通过账户模型，以太坊节点只需更新其账户余额而不是存储每个 UTXO，因此更节省空间。同时，以太坊也更直观，因为智能合约是一种更有效的编程机制，其可以在账户之间转移余额，而不是不断更新 UTXO 集来计算用户的可用余额。

以太坊有两种账户类型：外部账户（EOA）和合约账户，这两种账户都有用户地址和以太币余额。EOA 通常被用于某种形式的外部实体（如个人或公司），这类用户在注册以太坊网络时都被分配为 EOA 账户。EOA 具有加密地址，它可以发送交易（将以太币转移到其他账户或触发合约代码）。第二种账户类型是合约账户，这些账户具有地址、以太币余额以及任何关联的合约代码。代码执行由从其他合约或 EOA 中收到的交易或消息（函数调用）触发。这意味着合约是以太坊网络上的自主账户，其他账户（EOA 或合约账户）可以与它们进行交互，但没有人控制它们（因为一旦启动，它们就是自治的）。由于其他程序可以调用合约上的函数，因此可以与合约账户交互或执行某些交易，但是不能直接控制合约账户。以太坊账户以交易为媒介，与以太坊网络上的其他账户、其他合约和合约状态进行交互。

以太坊某一时刻的所有账户状态构成了整个以太坊的网络状态，它们需要就每个账户的当前余额、存储状态和合约代码达成共识。每个新的区块都需要获取前一个区块的信息并更新新的以太坊网络状态，每个网络节点都必须就新的网络状态达成一致。因此，交易区块是以太坊网络状态之间的状态转换函数。

1.4.2 许可链的节点准入机制

目前有很多以太坊项目都是基于以太坊公链开发的，同时以太坊也可用于构建联盟链和私有链。公链的特征是任何人都可以加入、读取区块链数据和发送交易，一般需要激励机制来鼓励记账节点（挖矿）；联盟链是由若干个机构或组织共同参与管理的区块链，每个机构或组织都运行着一个或多个节点共同参与记账；私有链的写入权限由某一个组织或机构控制，参与节点的资格由该组织或机构严格限制。与公链的任何人都可以随时加入不同，未经许可的节点不可以加入到联盟链和私有链，因此联盟链和私有链又被称为许可链，需要进行权限设计。许可链拥有更高的共识效率、更好的隐私保护和更强的安全性，能被更好地应用于金融、政务等领域。考虑到电子证照数据共享业务的安全性需求，本章以许可链的方式设计和搭建区块链底层平台，并加入节点准入机制。任何参与区块链的网络节点都需要先完成身份注册，通过验证后，其数字身份才能被允许接入私有链网络中参与交易，形成自主可控的底层区块链平台。

具体来说，以类似会员制的方式实现一种区块链节点的准入机制，通过会员制的注册服务对区块链参与者的身份和权限进行管理。区块链网络中的分布式记账节点、数据共享方节点、查验方节点、其他访问节点等，都需要事先完成节点注册，以使其数字身份合法。特别的，分布式记账节点作为区块链底层平台的核心节点，由政府部门统一部署和维护，并有这些节点执行整个区块链的共识记账功能，其他参与节点无权成为分布式记账节点。参与节点通过区块链客户端完成会员注册后，系统会自动完成注册节点公私钥的分配，并生产合法的数字身份即交易地址。

1.4.3 以太坊的共识机制

通过共识机制，区块链网络能够在决策权高度分散的去中心化分布式系统中让各节点高效地针对区块数据的有效性达成共识，完成新区块的确认和记账。区块链上的典型共识算法有多种，如工作量证明（PoW）、权益证明（PoS）、代理权益证明（DPoS）、实用拜占庭将军（PBFT）、验证池（Pool）等。

最为常用的共识算法是比特币使用的 PoW（Proof of Work）共识算法：首先收集网

络上广播的交易报文信息，验证有效性，若合法则加入候选交易队列，打包成区块结构，并算出该区块的 Block Hash；然后通过不断对随机数 NOUNCE 试错并做哈希运算，直到 Block Hash 和 NOUNCE 合并后的哈希是由 N 个（N 为当前难度）前导零构成；最后找到矿工当前看到的最长链，并将当前区块的哈希、之前区块的哈希、随机数添加到区块的头部，通过这种方式将刚刚得到的区块连接到这个最长链的最后形成新的区块。

PoW 算法共识达成的周期较长，约 10 分钟才能产生 1 个新区块，不适合商业应用。因此随后又出现了很多效率更高的共识算法，例如 PoS（Proof of Stake）共识。它本质上是采用权益证明来代替 PoW 中的基于哈希算力的工作量证明，由系统中具有最高权益而非最高算力的节点获得区块记账权。权益体现为节点对特定数量货币的所有权，称为币龄或币天数（Coin days）。币龄是特定数量的币与其最后一次交易的时间长度的乘积，每次交易都将会消耗掉特定数量的币龄。PoS 共识过程仅依靠内部币龄和权益而不需要消耗外部算力和资源，从根本上解决了 PoW 共识算力浪费的问题，并且能够在一定程度上缩短达成共识的时间，因而比特币之后的许多竞争币均采用 PoS 共识机制。

DPoS（Delegated Proof of Stake）共识的基本思路类似于“董事会决策”，即系统中每个股东节点可以将其持有的股份权益作为选票授予一个代表，获得票数最多且愿意成为代表的前 101 个节点将进入“董事会”，按照既定的时间表轮流对交易进行打包结算并且签署（即生产）一个新区块。DPoS 共识机制中每个节点都能自主决定其信任的授权节点且由这些节点轮流记账生成新区块，因而大幅减少了参与验证和记账的节点数量，可以实现快速共识验证。

著名的 R3 联盟超级账本（Hyperledger）使用 PBFT（Practical Byzantine Fault Tolerance）共识机制，通过运行 3 类基本协议（一致性协议、检查点协议和视图更换协议）将拜占庭系统共同维护为一个状态，使得所有节点采取的行动一致。其优点是记账节点有准入机制，系统有强一致性和最终态，不会分叉；缺点是当有 1/3 或以上记账人停止工作后，系统将无法提供服务。

验证池（Pool）共识不需要依赖代币就可以工作，在成熟的分布式一致性算法（Paxos、Raft）基础之上，可以实现秒级共识验证，更适用有多方参与的多中心商业模式。不过，Pool 验证池也存在一些不足，例如该共识机制能够实现的分布式程度不如 Pow 机制等。

在以太坊中，新区块的创建时间是 12 秒左右，而比特币是 10 分钟。这意味着以太坊每 12 秒就有一个新的交易区块产生，交易执行几乎是即时的。以太坊使用了所谓的魔鬼协议（Ghost Protocol）来协调共识，并提供激励机制让网络阻塞时间变得更为短暂。截至 2017 年 12 月，比特币的完整账本大小约为 180 GB，以太坊的完整账本大小约为 225 GB，但是运行以太坊节点只需要 20 ~ 30 GB 的空间。以太坊虽然曾经使用 PoW 共识机制，但其采用的一致性算法和比特币是不同的。2018 年，以太坊改用了自己创建的 PoS 与 PoW 混合的共识机制——Casper 投注共识，期待这种新的共识机制给以太坊注入新的活力。

1.4.4 以太坊虚拟机与智能合约

以太坊的核心元素是以太坊虚拟机（Ethereum Virtual Machine，EVM），它是智能合约的执行环境。EVM 分散储存在以太坊网络的每个节点上，智能合约代码被对外隔离，并分布在每个节点上执行，因此以太坊 EVM 又被称为世界电脑。合同代码不是用图灵完备的高级程序语言编写的，而是由简单的、基于堆栈的低级程序语言编写的，看起来就像 JVM 的字节码（Java 虚拟机）。每个以太坊节点都运行 EVM，这意味着对于以太坊网络的参与者，每个节点都参与验证新块是否有效以及计算是否已正确，都是运行 EVM 代码的独立实例。由于每个节点都参与计算，虽然不一定是最高效的模型，但它具有很高的加密安全性。

从技术上讲，EVM 以状态转换作为函数的运作模式，其工作原理是将一串参数输入 EVM，以获取整个以太坊网络的新区块状态和 gas 数量，具体过程为输入（block_state，gas，memory，transaction，message，code，stack，pc）→ EVM →输出（block_state，gas）。其中 block_state 是以太坊网络的全局状态，包括所有账户、账户余额和长期存储；gas 是运行这些计算所需的费用，由计算的类型和工作量决定；memory 是执行内存；transaction 代表交易；message 是有关交易的元数据；code 就是代码本身；stack 和 pc 是与执行相关的堆栈和程序计数器。这一串参数被输入到 EVM 以生成整个以太坊网络的新 block_state 和账户拥有的新 gas 数量。

以太坊 EVM 的设计目标有 5 个：简单、高效、确定性、专用化和安全性。EVM 设计简单，可以轻松证明智能合约的安全性，这也有助于保护平台本身。EVM 组件尽可能紧凑，以提高空间效率。EVM 具有确定性，即相同的输入状态应始终产生相同的输出状态。确定性的虚拟机必然会限制应用范围，例如以太坊的 HTTP 请求不可用。EVM 具有专用的内置函数，例如可以轻松处理 20 字节地址加密的加密函数、用于自定义加密的模块化指数算法、读取区块数据、读取交易数据的函数，以及与 block_state 交互的函数。以太坊 EVM 的安全性在于每次计算都要预先消耗 gas，这增加了 DoS 攻击的成本，使得攻击者无法发动大规模的无效合约。EVM 的主要编程语言是 Solidity，智能合约用 Solidity 写好后，通过 Solidity Compiler（solc）编译并生成 EVM 代码。合约语言的复杂性通过 Solidity Compiler 进行管理，但在架构层面，Solidity 仍然是一种简单的基于堆栈的语言。

智能合约是在以太坊 EVM 上自动执行的合约代码，一般包括合约所有人、合约对象、合约条款、合约算法、合约触发条件等内容。对于可信电子证照应用，数据共享规则被转换为智能合约并部署在区块链上之后，常规共享条款和违约处理条款就可以自动履行，且执行过程由区块链完整记录，其执行状态可被随时查看和审计，从而提供一个公平、公正、公开的合约执行环境。此外，通过智能合约还可对参与方身份进行权限检查，针对交易者身份进行访问控制。

用智能合约完成可信电子证照应用的注册、发证、查验等过程，具体包括 5 个主要功能模块和 5 个 API。5 个主要功能模块为公民用户 App、发证机构前端、区块链平台、政府业务库和后台身份管理数据库；5 个 API 包括注册区块链用户、发送制证信息、查验电子证照信息、查询用户公钥和查询电子证明信息，具体分析如下所示。

1. 注册区块链用户

用于新用户注册区块链信息管理账户。对于业务系统注册账号来说分为 3 个不同的角色：普通用户、制证机关用户、查验机构用户。

输入：账户名称（用于登录系统的ID）。

输出：账户地址（注册用户在区块链上的地址，用于用户之间传输信息）和账户公私钥（普通用户的公私钥用于用户证件信息的加解密，制证机关用户的公私钥用于对发证机构的数字签名进行验证，查验机构用户的公私钥用于对查验信息的加解密）。

2. 发送制证信息

用于制证机构用户存储新增证件信息以及发送给办证用户。以制证机构用户在区块链上给办证用户发送一笔交易为载体，把新增的证件信息保存在区块链上，并发送给办证用户。

输入：申请制证用户的区块链地址（发证机构制证后给该地址用户发送制证信息）、发证机构组织机构代码（发证机构的唯一标示）、申请制证用户的证件信息（需要用户公钥加密）。

输出：该笔交易的Hash值（交易信息地址唯一标识）、记录证件信息的区块编号（交易信息地址唯一标识）。

3. 查验电子证照信息

用于普通用户向查验机构发送证照信息。以普通用户在区块链上给查验用户发送一笔交易为载体，把电子证照信息发送给查验用户。

输入：查验用户的区块链地址（普通用户的电子证照信息）、发证机构组织机构代码（发证机构的唯一标示）、被查验普通用户的证件信息（需要查验用户公钥加密）。

输出：该笔交易的Hash值（交易信息地址唯一标识）、记录证件信息的区块编号（交易信息地址唯一标识）。

4. 查询用户公钥

根据区块链交易地址查询对应的公钥信息，用于普通用户同步账户时获取制证单位用户的公钥信息来验证制证信息的数字签名。

输入：地址信息。

输出：公钥信息。

5. 查询电子证照信息

根据区块数以及交易 Hash 查询电子证照信息，用于普通用户更新电子证照信息，或者普通用户的新移动设备同步电子证照信息，以及查验方查询普通用户的电子证照信息。

输入：用户区块链交易地址（指定查找的交易地址）、记录交易信息的区块数（指定查找的区块）、记录电子证照的交易 Hash（指定查找的交易）。

输出：制证机构组织机构代码（获取发证机构信息）、电子证照信息（获取电子证照具体信息）。

1.4.5　基于区块链的数据安全共享

1. 电子证照数据的存储与接入

由于区块链是一个共享的账本，为了保证电子证照数据的私密性，共享数据不会直接存储在区块链上，而是通过智能合约将其锚定为区块链上的数字资产。当以数据库方式提供时，将政府业务库中共享的数据同步一份到其前置机的 ODS 中后，再将该部分共享数据在 ODS 中的访问信息加密后作为数字资产的元数据；当以数据文件方式提供时，是将政府业务库中可共享的数据经过加密后，写到 ODS 的文件系统中，形成一个共享数据文件，再将该共享数据文件的完整性哈希值作为数字资产的元数据存储在区块链上，而共享数据文件本身依然存储在政府业务库前置机的 ODS 中。

其中，数字资产包括头信息和数字资产元数据两部分，具体分析如下。

（1）**头信息**：包括版本号、数据类型、哈希算法。其中，版本号表示数字资产解析标准使用的版本的编号；数据类型表示数字资产是非结构化数据（文件存储方式）还是结构化数据（数据库存储方式）；哈希算法表示计算文件完整性所采用的哈希算法，如MD5、SHA1、SHA256、SHA3 等，当数据类型为非结构化数据时该字段才生效。

（2）**数字资产元数据**：如果共享数据为结构化数据，则数字资产元数据表示政府业务系统前置机 ODS 的访问接口信息的加密字符串；如果共享数据为非结构化数据，则数字资产元数据表示共享数据文件的完整性哈希值。即，结构化数据的数字资产为：版本号 + 数据类型 + 数字资产元数据；非结构化数据的数字资产为：版本号 + 数据类型 + 哈希算法 + 数字资产元数据。

数据共享方通过区块链客户端发布数字资产时，数字资产被记录在交易负载中后提交到预置智能合约，实现数字资产的发布。

可信电子证照实际上是采用一种链上链下相结合的存储方式，以此来实现共享数据的存储与接入，并能保障数据在存储上的私密性和区块链的存储效率。这样做的好处是，在区块链的持续记账过程中，可防止区块链的链上数据过度膨胀，保障交易效率。具体而言，对占用空间较小的文本数据直接采用链上存储，对占用空间较大的数据或者文件则将访问这类数据的元数据信息采用链上存储，文件本身采用链下存储。链下存储可以是任意网络文件系统、文件链接、点对点分布式文件系统等，如 IPFS 等。

2. 共享数据注册与发布

区块链通过将共享数据转化为数字资产，再通过智能合约来对共享数据即数字资产在区块链上进行注册与发布。发布数字资产的智能合约由政府业务系统提供，并由政府业务系统通过其前置终端部署在区块链上。智能合约部署完成后，其合约的内容可被区块链中所有参与方共享和查看，但智能合约的所有者只有一个，即该智能合约的部署者也即政府业务系统。通过智能合约，政府业务系统可以方便地实现链下共享数据与链上数字资产的关联。

基于智能合约实现数字资产的注册与发布，智能合约的所有者即为该数字资产的所有者，以此来明晰数字资产的所有权。智能合约的每次触发执行均会对触发消息的发送者做一次用户权限检查，只有数字资产拥有者即智能合约的所有者才有权更改智能合约的共享规则，甚至转移数字资产的所有权。

此外，数字资产所有者可以在智能合约中预先设置一个可授权数字身份列表，列出具有共享数字资产获取权限的需求方，并维护该列表。智能合约在执行时会匹配请求者身份，只有列表中的数字身份才能通过智能合约来请求共享数据。

图 1-12 所示以出生医学证为例，给出了电子证照数据共享的流程和部署架构。其中市民的出生医学证明数据存储于政府内网的业务系统，通过前置终端将经过 Hash 运算和电子签名的某个市民的数据发送给他本人，并在区块链上保存为电子证件。出生医学证明联盟链位于政府部门内外网的隔离区，查验终端通过专用通道访问链上数据完成电子证照的查验，以此做到用户只拥有本人数据的访问权限，提高数据的安全性与私密性。

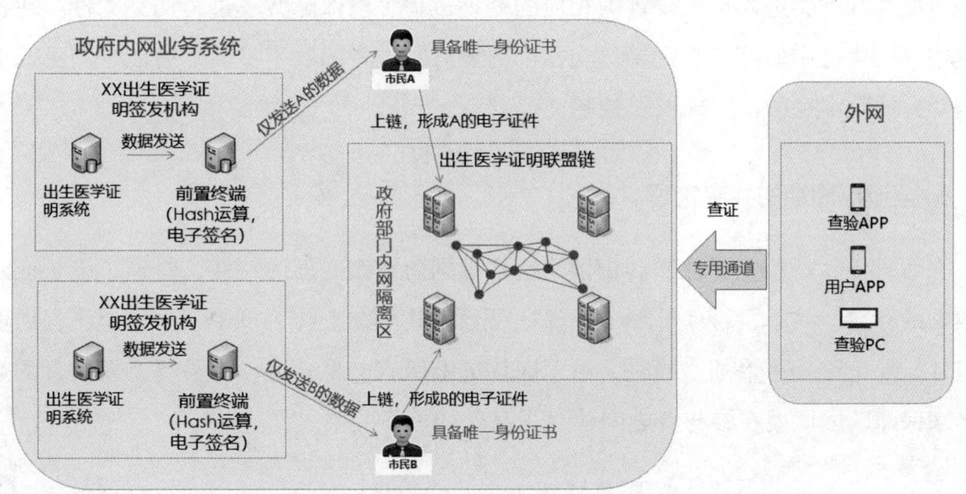

图 1-12　出生医学证明的数据共享过程

3. 全局共享数据资源目录

区块链客户端通过扫描区块链的方式，获取区块链上已通过智能合约注册并发布的数字资产，以形成一个全局的共享数据资源目录。查验方通过其区块链客户端中的全局共享数据资源目录，可以方便地查找所需的数据资源，获取相应的智能合约规则，并发送数据共享请求。

全局共享数据资源目录是一个公开的目录。在区块链上，虽然所有的参与者都能查看到有哪些数据被共享，并获取对应的智能合约内容，但智能合约保证了只有被授权的和符合权限触发规则的查验方才能触发数据共享流程的执行，智能合约在这里起到了访问控制的功能。

4. 数据安全共享执行流程

在区块链上综合使用数字签名、加密算法、权限管理、访问控制等技术手段，对电子证照数据共享过程进行安全防护，保障数据不被泄露，同时提供可信的共享全过程的流程记录。智能合约一旦获取到正确的需求方共享请求后，会自动迁移到等待共享方返回请求确认状态，以及等待共享方返回完成确认状态。当出现状态超时或者其他异常时，智能合约均会进入预先设置的相应的处理流程，以保障共享过程的完整性。在整个过程中，区块链中的每一次交易提交，都需要有发送者的数字签名，智能合约可基于此判定双方的数字身份，实现权限控制。

5. 全流程周期的共享管理

在管理上，可信电子证照利用区块链在数据防篡改方面的特性，打通了电子证照共享数据的存储、共享、管理等环节，保证了数据共享在事前、事中、事后全流程周期的可审计，保证流程可追溯。同时，由于区块链上所有交易验证，都需要有发送者的数字签名来保障，因此就在参与者之间建立了身份的信任关系。

1.4.6 搭建及部署以太坊私有链

如 1.4.2 节提到的，可信电子证照采用许可链作为区块链技术底层。许可链分为联盟链和私有链两种，为简单起见，本节将以私有链为例，讨论如何搭建并部署一条属于自己的以太坊私有链。

考虑到便捷性，我们提供私有链底层平台的部署脚本，基于该脚本可实现私有链的自动化快速部署。在环境准备方面，私有链平台部署在政府内网，区块链节点运行于若于 PC Server，在 IP 层保证区块链节点间的互联互通。

- **测试环境**：3 台全节点服务器（虚拟机）。
- **服务器系统**：centos 6.8。
- **服务器性能**：4 核，8GB 内存。
- **以太坊客户端**：geth（Go 语言版本的客户端，如图 1-13 所示）。

```
[root@WY-Server19 ~]# geth --help
NAME:
   geth - the go-ethereum command line interface

   Copyright 2013-2016 The go-ethereum Authors

USAGE:
   geth [options] command [command options] [arguments...]

VERSION:
   1.5.4-stable-b70acf3c
```

图 1-13　geth

搭建及部署以太坊私有链的具体步骤如下。

第一步：部署主节点，在该节点上生成创世区块。

首先，通过制定的参数配置，在控制台启动 geth 服务，如图 1-14 中方框部分所示。

```
→  geth --datadir data console   geth启动命令
I0308 16:53:38.796223 cmd/utils/flags.go:608] WARNING: No etherbase set and no accounts found as default
I0308 16:53:38.796785 ethdb/database.go:83] Allotted 128MB cache and 1024 file handles to /Users//Documents/dat
a/geth/chaindata
I0308 16:53:38.803330 ethdb/database.go:176] closed db:/Users//Documents/data/geth/chaindata
I0308 16:53:38.804120 node/node.go:176] instance: Geth/v1.5.9-unstable-8b57c494/darwin/go1.7.3
I0308 16:53:38.804593 ethdb/database.go:83] Allotted 128MB cache and 1024 file handles to /Users//Documents/dat
a/geth/chaindata
I0308 16:53:38.823582 eth/backend.go:187] Protocol Versions: [63 62], Network Id: 1
I0308 16:53:39.054824 eth/backend.go:205] WARNING: Wrote default ethereum genesis block
I0308 16:53:39.054914 eth/backend.go:215] Chain config: {ChainID: 1 Homestead: 1150000 DAO: 1920000 DAOSupport: tru
e EIP150: 2463000 EIP155: 2675000 EIP158: 2675000}
I0308 16:53:39.056183 core/blockchain.go:219] Last header: #0 [d4e56740…] TD=17179869184
I0308 16:53:39.056207 core/blockchain.go:220] Last block: #0 [d4e56740…] TD=17179869184
I0308 16:53:39.056213 core/blockchain.go:221] Fast block: #0 [d4e56740…] TD=17179869184
I0308 16:53:39.058314 p2p/server.go:340] Starting Server
I0308 16:53:39.062049 p2p/discover/udp.go:227] Listening, enode://707124b6dba10fad0ad776539038310aace4f73f7c906885e
9064c943ab8e92e819cce40805919f6bc314492ef220ee2eb40b9c60e5b16361bc4a32e843dcd3b@10. .129. :30303
I0308 16:53:39.062187 p2p/server.go:608] Listening on [::]:30303
I0308 16:53:39.064086 node/node.go:341] IPC endpoint opened: /Users//Documents/data/geth.ipc
I0308 16:53:39.107854 p2p/nat/nat.go:111] mapped network port udp:30303 -> 30303 (ethereum discovery) using NAT-PMP
(192.168.2.1)
I0308 16:53:39.118931 p2p/nat/nat.go:111] mapped network port tcp:30303 -> 30303 (ethereum p2p) using NAT-PMP(192.1
68.2.1)
Welcome to the Geth JavaScript console!

instance: Geth/v1.5.9-unstable-8b57c494/darwin/go1.7.3
 modules: admin:1.0 debug:1.0 eth:1.0 miner:1.0 net:1.0 personal:1.0 rpc:1.0 txpool:1.0 web3:1.0
```

图 1-14　启动 geth 服务成功截图

在图 1-14 中，通过参数 console 启动一个带命令行的 geth 服务。接着，通过带有命令行的 geth 服务，注册一个新用户。

- personal.newAccount("test1234”)：注册新用户的 web3 接口。
- 0xfc3147e7d648b3513f3fbad853ddc242e7f003ba：注册成功后为新用户生成的地址 address，对于以太坊来说也是公钥，记住这个地址，在配置创世节点的时候需要。

新用户创建成功后，输入命令“exit”退出服务，如果不退出，geth 服务会自动同步公链区块，搭建私有链则不需要同步以太坊公链。

然后，通过创世节点配置配置文件（genesis.json），初始化创世节点。初始化配置文件内容如下：

```
{
  "alloc": {
      "0xfc3147e7d648b3513f3fbad853ddc242e7f003ba": {      //创世节点的初始用户地址，我们刚创建的用户地址
      "balance": “100000000000000000000000000000” //初始化账户的以太币，1(eth) = 1^18(wei) (eth为以太币的基本单位, wei为以太币的最小单位)
    }
  },
   "nonce": "0x0000000000000042”, //随机数，用于挖矿，详细信息可以参考以太坊黄皮书
  "difficulty": "0x020000”, //设置区块挖矿复杂度，设置太高，产出区块的速度会比较慢，设置太低，产出垃圾区块（分叉）的概率会比较高
  "mixHash": "0x0000000000000000000000000000000000000000000000000000000000000000”, // 与nonce一起配合用于挖矿，详细信息可以参考以太坊黄皮书
  "coinbase": "0x0000000000000000000000000000000000000000”, // coninbase地址
  "timestamp": "0x00”, //时间戳
  "parentHash": "0x0000000000000000000000000000000000000000000000000000000000000000”, //创世区块父区块的地址，由于是创世区块，没有父区块，所以为0
  "extraData": "0x11bbe8db4e347b4e8c937c1c8370e4b5ed33adb3db69cbdb7a38e1e50b1b82fa”, //备注信息
  "gasLimit": “0x4c4b40” // 设置gas的消耗总量限制，用于限制区块能包含交易的信息综合，这里我们用于私链测试开发，所以填最大值
}
```

获取创世节点配置文件的参数以后，通过命令来初始化创世节点：

```
geth --datadir data init genesis.json
```

运行上述命令后会看到图 1-15 所示的界面。

```
→ Documents geth --datadir data init genesis.json
I0309 09:31:06.123058 ethdb/database.go:83] Allotted 128MB cache and 1024 file handles to /Users/song/Documents/dat
a/geth/chaindata
I0309 09:31:06.127098 ethdb/database.go:176] closed db:/Users/song/Documents/data/geth/chaindata
I0309 09:31:06.127137 ethdb/database.go:83] Allotted 128MB cache and 1024 file handles to /Users/song/Documents/dat
a/geth/chaindata
I0309 09:31:06.159276 cmd/geth/chaincmd.go:132] successfully wrote genesis block and/or chain rule set: ba574132764
9aad584e74eb02c89cf4b7eeb3e5efc946f2178ce8d7ce38fcc57
```

图 1-15　初始化创世节点

至此，创世节点的初始化就完成了，现在我们来启动创世节点：

```
geth --datadir data --mine --etherbase 0 --minerthreads 2 --port 30303 --rpc
--rpcapi "db,eth,net,web3,personal" --rpcaddr 10.*.129.* --rpccorsdomain
"*" console
```

运行上述命令后会看到图 1-16 所示的界面。

```
→ Documents geth --datadir data --mine --minerthreads 2 --nat "extip:10.37.129.2" --port 30303 --rpc --rpcapi "db,
eth,net,web3,personal" --rpcaddr 10.37.129.2 --rpccorsdomain "*"
I0309 09:43:43.571565 ethdb/database.go:83] Allotted 128MB cache and 1024 file handles to /Users/song/Documents/dat
a/geth/chaindata
I0309 09:43:43.602375 ethdb/database.go:176] closed db:/Users/song/Documents/data/geth/chaindata
I0309 09:43:43.602677 node/node.go:176] instance: Geth/v1.5.9-unstable-8b57c494/darwin/go1.7.3
I0309 09:43:43.602718 ethdb/database.go:83] Allotted 128MB cache and 1024 file handles to /Users/song/Documents/dat
a/geth/chaindata
I0309 09:43:43.622148 eth/backend.go:187] Protocol Versions: [63 62], Network Id: 1
I0309 09:43:43.622382 eth/backend.go:215] Chain config: {ChainID: 0 Homestead: <nil> DAO: <nil> DAOSupport: false E
IP150: <nil> EIP155: <nil> EIP158: <nil>}
I0309 09:43:43.623096 core/blockchain.go:219] Last header: #192 [723899e8…] TD=3453055867795
I0309 09:43:43.623109 core/blockchain.go:220] Last block: #0 [ba574132…] TD=131072
I0309 09:43:43.623114 core/blockchain.go:221] Fast block: #192 [723899e8…] TD=3453055867795
I0309 09:43:43.623781 p2p/server.go:340] Starting Server
I0309 09:43:43.623915 p2p/nat/nat.go:111] mapped network port udp:30303 -> 30303 (ethereum discovery) using ExtIP(1
0.37.129.2)
I0309 09:43:43.627671 p2p/discover/udp.go:227] Listening, enode://707124b6dba10fad0ad776539038310aace4f73f7c906885e
9064c943ab8e92e819cce40805919f6bc314492ef220ee2eb40b9c60e5b16361bc4a32e843dcd3b@10.37.129.2:30303
I0309 09:43:43.627852 p2p/nat/nat.go:111] mapped network port tcp:30303 -> 30303 (ethereum p2p) using ExtIP(10.37.1
29.2)
I0309 09:43:43.627866 p2p/server.go:608] Listening on [::]:30303
I0309 09:43:43.627882 eth/backend.go:473] Automatic pregeneration of ethash DAG ON (ethash dir: /Users/song/.ethash
)
I0309 09:43:43.627985 eth/backend.go:480] checking DAG (ethash dir: /Users/song/.ethash)
I0309 09:43:43.629266 node/node.go:341] IPC endpoint opened: /Users/song/Documents/data/geth.ipc
I0309 09:43:43.629807 node/node.go:411] HTTP endpoint opened: http://10.37.129.2:8545
I0309 09:43:43.629856 miner/miner.go:136] Starting mining operation (CPU=2 TOT=3)
I0309 09:43:43.630115 miner/worker.go:514] commit new work on block 1 with 0 txs & 0 uncles. Took 243.321µs
```

图 1-16　启动创世节点

注意，需要记住图 1-16 所示方框中的信息，后面需要在从节点添加监听地址来同步主节点的区块。

我们的创世区块的主节点已经启动了。可以查看创世节点的一些信息，如图 1-17 所示。

```
> eth.accounts
["0xfc3147e7d648b3513f3fbad853ddc242e7f003ba"]
> eth.getBalance("0xfc3147e7d648b3513f3fbad853ddc242e7f003ba")
1e+30
```

图 1-17 查看创世节点信息

在图 1-17 所示命令中，指令含义分析如下所示。

- eth.accounts：查看当前 geth 服务下的账户列表；
- eth.getBalacne(“0xfc3147e7d648b3513f3fbad853ddc242e7f003ba”)：查询指定账户的余额信息，单位为 wei。

至此，我们的创世节点已经成功启动了。

启动命令的参数如表 1-1 所示。

表 1-1 启动命令参数

参数命令	说 明
--datadir data	创建区块链保存地址，data 就是在当前目录下创建 data 文件夹来保存区块链的信息
--mine	启动挖矿的命令
--etherbase 0	选择挖矿的账号，0 指账号列表的第一个账号（在 geth 控制台，我们可以使用 eth.accounts 命令来查看当前 geth 服务下的账户列表）
--minerthreads 2	选择挖矿的 cpu 数，目前选择的是使用 2 个 cpu 来运算挖矿
--nat “extip:10.37.129.2”	设置 NAT 端口映射，参数填启用 geth 服务机器的地址
--port 30303	设置服务的网络监听端口
--rpc	启动 rpc 通信服务，可以通过 rpc 接口访问 geth 服务
--rpcapi	设置允许使用 rpc 服务的客户端，如参数中的 db、eth、net、web3、personal
--rpcaddr 10.37.139.2	设置 rpc 服务的地址，参数填启用 geth 服务机器的地址
console	启用服务控制台，可以通过控制台使用 db、eth、net、web3、personal 命令

第二步：部署从节点，并且同步主节点的区块信息。

首先，把主节点服务上的 genesis.json 复制到从节点服务器，并初始化节点：

```
geth --datadir data init genesis.json
```

运行上述命令，会看到如图 1-18 所示的界面。

```
→ Documents geth --datadir data init genesis.json
I0309 09:31:06.123058 ethdb/database.go:83] Allotted 128MB cache and 1024 file handles to /Users/song/Documents/dat
a/geth/chaindata
I0309 09:31:06.127098 ethdb/database.go:176] closed db:/Users/song/Documents/data/geth/chaindata
I0309 09:31:06.127137 ethdb/database.go:83] Allotted 128MB cache and 1024 file handles to /Users/song/Documents/dat
a/geth/chaindata
I0309 09:31:06.159276 cmd/geth/chaincmd.go:132] successfully wrote genesis block and/or chain rule set: ba574132764
9aad584e74eb02c89cf4b7eeb3e5efc946f2178ce8d7ce38fcc57
```

图 1-18　拷贝 genesis.json 并初始化节点

然后，启动从节点 geth 服务：

```
geth --datadir data console
```

从服务启动成功，服务启动后的显示信息与主服务的类似。

接着，在从服务器上创建账户，与主服务创建账户相同：

```
> personal.newAccount("1234test");
"0xabc147e7d648b3513f3fbad853ddc242e7f00gjs"
```

为了从服务添加对主服务的监听，在从服务的 geth 服务控制台输入如下命令：

```
admin.addPeer("enode://707124b6dba10fad0ad776539038310aace4f73f7c906885e906
    4c943ab8e92e819cce40805919f6bc314492ef220ee2eb40b9c60e5b16361bc4a32e843d
    cd3b@10.37.129.2:30303");
```

此时主从服务就可以互相同步区块了。

添加创世节点的监听端口有如下 3 种方式。

（1）在 geth 服务控制台使用如下命令：

```
admin.addPeer("enode://707124b6dba10fad0ad776539038310aace4f73f7c906885e906
    4c943ab8e92e819cce40805919f6bc314492ef220ee2eb40b9c60e5b16361bc4a32e843d
    cd3b@10.37.129.2:30303");
```

（2）在 geth 启动参数设置，使用参数 --bootbodes：

```
"enode://707124b6dba10fad0ad776539038310aace4f73f7c906885e9064c943ab8e
```

```
    92e819cce40805919f6bc314492ef220ee2eb40b9c60e5b16361bc4a32e843dcd
    3b@10.37.129.2:30303”
```

（3）使用配置文件，添加文件 <datadir>/static-nodes.json：

```
[
 "enode://707124b6dba10fad0ad776539038310aace4f73f7c906885e9064c943ab8
    e92e819cce40805919f6bc314492ef220ee2eb40b9c60e5b16361bc4a32e843dcd
    3b@10.37.129.2:30303",
]
```

最后我们要让主从服务的矿工工作了，目前该私有链的以太币只能依靠矿工挖矿来产出。分别在主从节点的 geth 控制台输入以下命令：

```
personal.unlockAccount(“0xabc147e7d648b3513f3fbad853ddc242e7f00gjs”);
```

分别在对应的服务器上填入对应的矿工用户地址，即刚注册的用户的地址。这时，控制台需要我们输入注册时地址对应的用户名（也就是注册新用户时设定的 test1234）。

然后，使用 miner.start(2) 命令开始挖矿，这里需要设置 cpu 使用的个数。看到图 1-19 所示的提示就说明已经开始挖矿了。之后可以使用 miner.stop() 命令来停止挖矿。

```
I0309 11:10:32.556520 miner/unconfirmed.go:83] ^ mined potential block #1 [b4b07b33…], waiting for 5 blocks to con
firm
I0309 11:10:32.556525 miner/worker.go:514] commit new work on block 2 with 0 txs & 0 uncles. Took 127.209µs
I0309 11:10:32.560204 miner/unconfirmed.go:83] ^ mined potential block #1 [c2771682…], waiting for 5 blocks to con
firm
I0309 11:10:32.560392 miner/worker.go:514] commit new work on block 2 with 0 txs & 1 uncles. Took 156.156µs
I0309 11:10:33.078617 miner/unconfirmed.go:83] ^ mined potential block #2 [e8a966f9…], waiting for 5 blocks to con
firm
```

图 1-19　挖矿开始提示

至此，我们已经搭建好两个全节点的区块链服务了。可以使用脚本来启动 geth 服务，而不需要在 geth 控制台中启动相关服务。

创建 geth.sh 脚本：

```
geth --datadir /data/Ethereum/data --port 30303 --bootnodes "enode://b70d7457
    5119486999877d08f07aa2e9cb4aa908
f78d3e58d91e19eb790a3723f8aedc25fd9823aa0e7cc2c4ca54c431ab785211cb111aa9c2846
    1ca72adb67f@10.51.110.19:30303" --mine
--minerthreads 2 --nat "extip:10.51.110.21" --rpc --rpcapi
```

```
    "db,eth,net,web3,personal" --rpcaddr 10.51.110.21 --rpc
corsdomain  "*"  console
```

脚本启用服务以后，可以通过 curl 命令来调用 geth 服务的 json-rpc 接口（rpc 服务的地址就是启动命令 --rpcaddr 设定的地址，服务端口默认为 8545），例如：

```
curl -X POST --data '{"jsonrpc":"2.0","method":"eth_getBalance","params"
    :[ "0xabc147e7d648b3513f3fbad853ddc242e7f00gjs", "latest"],"id":1}'
    10.51.110.21:8545
```

1.5　应用与实践

本章讨论的基于区块链的可信电子证照原型系统在中关村区块链产业联盟试点推广的过程中，获得了 175 万的网络投票和 1 万多条用户评论，吸引了极大的社会关注度，具体可见中关村区块链产业联盟官方网站 http://www.cyberledger.org/dasai/。图 1-20 是可信电子证照的运行截图，其中图 1-20a 所示为持证人的所有证照一览；图 1-20b 所示为证照二维码，包含该证件在区块链上的业务信息、区块号、区块地址、交易地址等数据，查证人可通过扫描该二维码获取持证人在区块链上的证照信息；图 1-20c 所示为电子证件的原件，其中包含有发证机构的签名以及证照二维码；图 1-20d 所示是用证和查证记录的通知推送。可信电子证照将用户的发证、查证、用证信息保存在区块链上，不可篡改，可追溯性强，可以避免身份伪造和冒用。

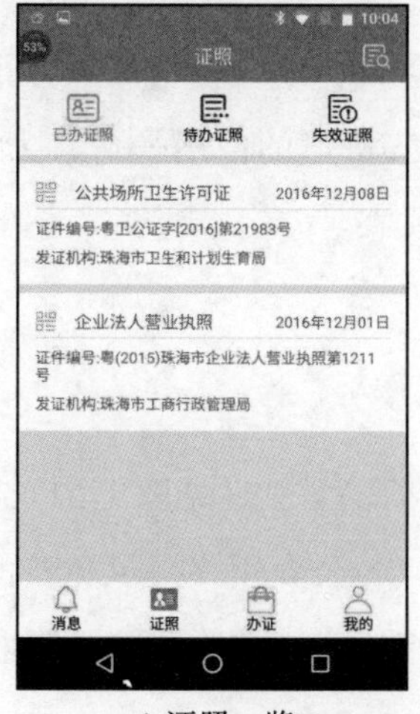

a) 证照一览

b) 出示证照

图 1-20　运行截图

c) 电子证件原件

d) 用证通知推送

图 1-20 （续）

1.6 商业模式

1.6.1 市场空间及潜力

目前市场上还没有完善的存证链服务。身份验证、学历验证等都是某一类证照的查验服务，无法形成个人、企业、组织的完整信用数据体系。

区块链技术为政府、第三方机构的存证服务提供统一可信的服务平台，形成完整的存证服务链条，积累大量的信用数据，构建诚实可信的信用平台，为政府、金融机构、商业企业、社会组织提供信用服务，市场潜力巨大。

1.6.2 商业模式

我们可以采取与政府及第三方机构合作运营的方式（见图 1-21），由其提供证照业务数据，并在电子证照平台上发证；服务民生，为公众用户提供免费的存证服务，发展活跃用户；对于有查验需求的商业机构及社会组织，则按次数或流量收费，提供有偿存证服务。

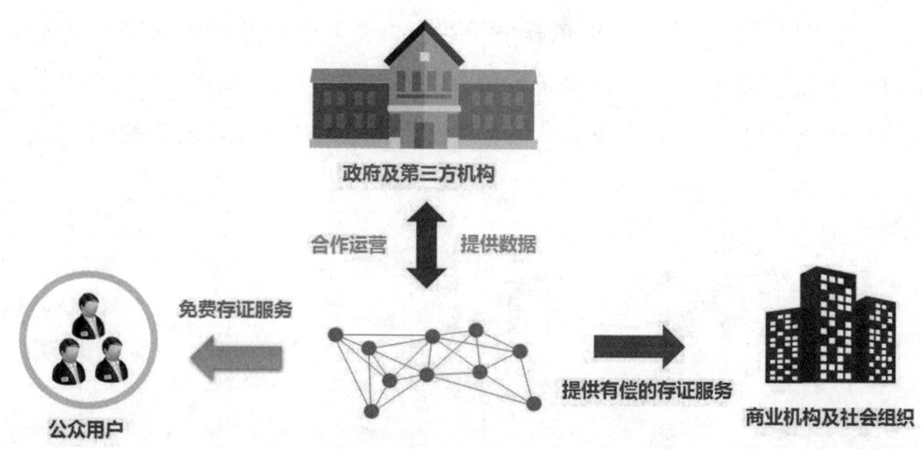

图 1-21　商业模式

1.6.3　应用前景

1. 实现公众办证“零跑动”

当前各行政单位在办理或审核相应证件时，仍然以纸质证件信息为主，易造成证照材料损坏、丢失，并且民众在办理相关业务时，经常由于缺少某些材料而导致数次往返。电子证照的产生可以从根本上解决当前政务活动中民众多次往返、反复提交纸质材料的顽疾，民众主动申请获得电子证照，纸质证照审批后可以生成电子的电子证照，因其以二维码的形式存储于手机中，方便携带和使用，可以实现证照的无纸化审批，减少了纸质证照的使用，降低了社会成本与资源浪费，缓解了证件多、用证烦等证照乱象，如图 1-22 所示。

2. 智慧政务

电子证照建设在不改变政府现有管理模式及制度的前提下，通过系统构建了业务部门之间的联系，实现了申请、查证、验证、用证的全程电子化管理，简化了政府流程服务，符合珠海市提出的推进信息化建设和应用以达到深化行政审批制度改革的目的，对推进珠海市电子政务发展起到了积极的作用，电子政务也将成为智慧城市发展的重要组成部分，在城市发展过程中，政府依托电子政务，在其管辖范围最大限度发挥职能效能，创造更加智慧的城市环境。因电子证照系统可以提升政府部门行政服务效率，故其也会推动政府智慧转型，向着为民、务实、廉洁、高效的服务型政府转变。

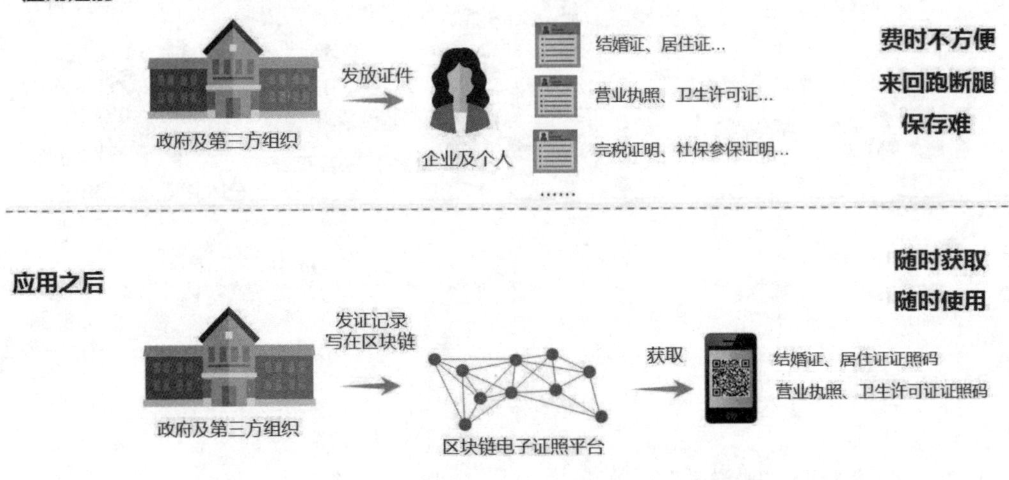

图 1-22　应用场景一：公众办证“零跑动”

传统的证件验证工作烦琐，行政工作人员要投入大量精力进行人工检查，既费时又费力，这种非信息技术手段的工作模式使得行政工作人员无法快速响应民众的多重需求。电子证照系统的建设将改变这一现状，证照电子化可以对列入电子证照服务目录的证照材料实行机器自动查验，减少了人工检查，这样降低了行政成本，提高了政府原有体系的行政服务效率，也会提升行政服务机关在民众心目中的满意水平，如图 1-23 所示。

3. 商务应用，助力诚信社会

虚假证照因其制作成本低廉、利润高等原因而屡禁不止，假证扰乱了社会秩序，损害了社会诚信，也给行政审批工作带来了不必要的麻烦。假证的危害很多，所以保证证件的真实性尤为重要，电子证照因其多重加密，并且要配合身份证明信息共同使用等因素，大大提升其安全性，伪造电子证照的概率被降到了最低，保障了证照的真实性，也维护了证照持有人的权益。电子证照通过信息技术手段有力地加强了社会诚信建设，符合十八届四中全会《中共中央关于全面推进依法治国若干重大问题的决定》中对信用工作的要求。图 1-24 所示是将区块链在商务应用的一个场景：企业招投标。传统的竞标方式是由企业代表通过向招投标中心递交企业营业执照、完税、社保证明、资质证明等一系列证件完成企业身份和资质验证，然后再参与投标。在这个过程中需要招投标中心、投标企业反复验证这些证件，安全系数相对较低，重复查验效率也很低下；如果应用了区块链电子证照，只需要由企业代表出示企业证件二维码，授权招投标中心在区块链上在线查验并永久保存查验结果，一次查验可反复使用，安全系数高，查验效率也将大大提高。

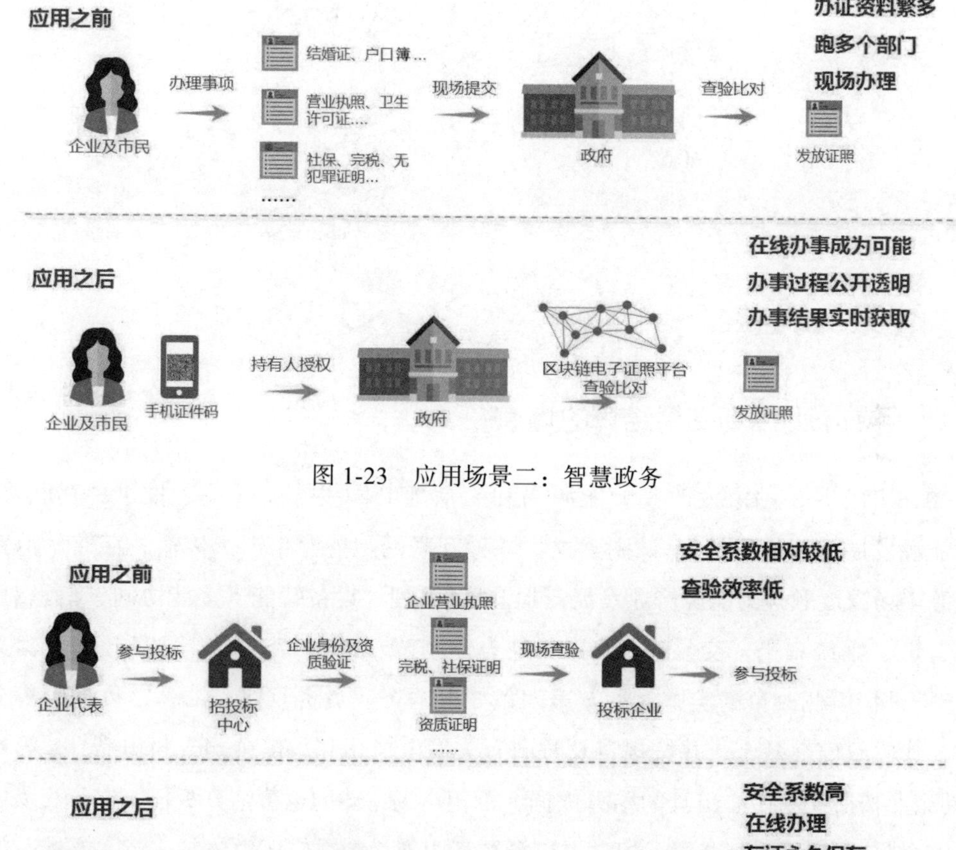

图 1-23　应用场景二：智慧政务

图 1-24　应用场景三：商务应用

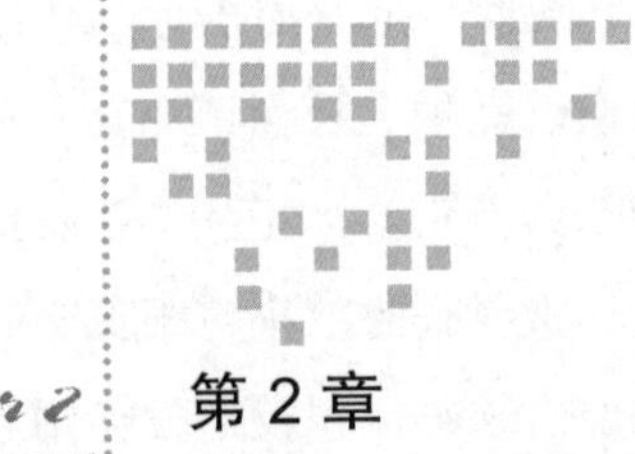

Chapter 2 第2章

电力市场交易结算智能合约

2.1 背景与现状

2.1.1 目前电力市场交易结算的痛点

2016年2月，国家发改委、能源局和工信部共同发布了《关于推进“互联网+”智慧能源发展的指导意见》，试图建立“一种互联网与能源生产、传输、存储、消费以及能源市场深度融合的能源产业发展新形态”，实现“设备智能、多能协同、信息对称、供需分散、系统扁平、交易开放”。在电力体制改革的大背景下，国家电改配套文件《关于推进售电侧改革的实施意见》第四条“电网企业负责收费、结算，负责归集交叉补贴，代收政府性基金，并按规定及时向有关发电公司和售电公司支付电费”；第八条“电网企业按照交易中心出具的结算依据，承担市场主体的电费结算责任，保障交易电费资金安全”，明确了电网公司承担电力市场结算职能。为适应电力体制改革，支撑及促进电力市场建设，电网公司需要建设高效便捷的市场电费结算系统，建立与之相适的业财结算业务处理规则与工作流程，为电力市场主体提供安全、快捷、高效的电费清分和资金结算服务，做好电费结算信息的公示工作，进一步巩固公司统一电费结算核心优势。

然而，相比电改前的传统电费结算，电改后的市场化结算在市场成员、交易合同和交易品种等方面对应用和系统提出了新的要求。成员增多、交易品种多样化、合同规则复杂化，要求结算系统能灵活拓展，按照市场价结算；同时允许购、售电端自主协商、集中竞价，导致最终市场价格、电量都不统一，这些都对交易结算管理及风险防范提出了更高要求。目前电力市场交易结算的痛点主要有以下几个。

1. 中心化资源分配机制，导致交易成本较高

能源交易一般在交易所内进行统一规划和管理，除了需要支付一定费用给第三方（如评级、信托和融资公司等机构）来保障交易安全外，中心数据库的日常维护以及清算信息在跨部门间的反复校对也需要一定成本，高昂的成本大大降低了能源交易效率。此外，在我国能源交易也可以在交易所场外（如中国天交所）双方通过电话和计算机进行协商完成（即场外交易 OTC），该交易方式灵活，不显示数量和单位，但会承担着信用风险和额外成本，做市商往往需要从其设定的买卖报价差中得到一定补偿，同时，信息不对称也加大了市场失效的可能性，使交易的达成存在较大风险。

2. 信息系统易遭受外部攻击，数据安全存在隐患

从信息安全的角度上来说，掌握市场的所有交易信息的中心机构一方面容易受到内、外部攻击，造成数据丢失或被篡改的可能性较高；另一方面，中心机构掌握了全局信息，用户隐私难以保障，且交易信息的不对称也使得损害参与者利益的情况时有发生。

3. 传统集中式发电，运输耗散大、系统容错率低且灵活性小

传统发电站都是集中式的大型发电站，电力通常经历长距离运输才能到达用户，输电配电过程中的能量损耗也非常大。电网一旦出现故障，影响将十分广泛，且修复难度大、损失大。而分布式电力能源系统利用自然、地理、能源分布的特点在当地小规模发电、就地供电，灵活性极高，且能积极响应用户需求，为偏远地区“供电难”的难题提供了解决方案。分布式电力能源系统是可以满足日常用电需求的小型电力能源与传统电力系统高度融合的产物，所以分布式能源增强了传统电网系统的可靠性并且为用电用户

提供了多种选择。

4. 不同能源行业相对封闭，可再生能源的消纳程度难以提升

在传统能源系统中，不同能源行业相对封闭，互联程度有限，同时不同能源系统也大都孤立规划和运行，造成了能效不高和可再生能源的消纳程度难以提升的困境。而能源互联网将打破不同能源系统间的壁垒，同时大量接入风能、太阳能、潮汐能、地热能、生物能等多种分布式可再生能源，利用包括新型发电技术和储能技术等在内的多种先进技术，实现电、热、冷、气、油、交通等多个系统的互联交汇，实现多能源综合利用，形成开放互联的综合能源系统。但能源系统离不开频繁的能源交易，而要在能源互联网这样庞大的系统中实现多方主体自动、可信、准确、平衡、实时交易，推动大范围的资源动态平衡，满足供需双方快速、高效、安全的能源交易是一项巨大挑战，为此期望出现一种新的模式，使得供需双方能够直接沟通并确定交易意向，然后借此进行灵活的能源交易，且无须中心机构介入。

2.1.2 区块链在能源领域的应用现状

目前，已经有多个国家将区块链技术运用于能源系统（见图 2-1），其中电动汽车快充和共享充电桩是区块链技术在能源方面应用最广、操作性较强的领域。美国清洁能源技术公司 Oxygen Initiative 联合德国能源公司 Innogy SE 加入“ Share & Charge”区块链平台，司机可以在该平台上处理与清洁能源汽车相关的操作，包括允许司机共享他们的充电站、支付通行费和充电电动汽车。该平台依靠以太坊来运营，特别是以太坊所支持的智能合约和分布式账本技术，从而实现计费的透明化及信任化。具体就是在区块链上创建一个代币，并在该代币上分配以欧元计价的移动价值。“ Share & Charge”创建了一个分布式市场，颠覆了传统的能源服务模式：来自合作伙伴的第三方服务是共享的，而无须询问权限或使用烦琐的应用程序编程接口。

另外，2016 年，瑞士银行、德国电力公司莱茵集团（RWE）与汽车技术公司采埃孚（ZF）合作，为电动汽车创造区块链电子钱包。如图 2-2 所示，电动汽车车主的电力收费、停车收费，甚至高速公路收费在身份验证和支付过程都能自动完成，不需要有第

三方人工确认完成。RWE 目前正在尝试在无人驾驶电动汽车领域应用区块链技术：用户身份信息得到认证，当车主不需用车时，将其租出，通过电子形式就车的使用达成协议，再将协议编码成智能条约，用车完成后，自动向用车人收取费用，用车人会向车主支付费用。无人驾驶电动汽车共享服务的车主和用户间的结算、交易信息将同时更新，这将最大限度地降低交易成本，而这一切操作都没有第三方参与。

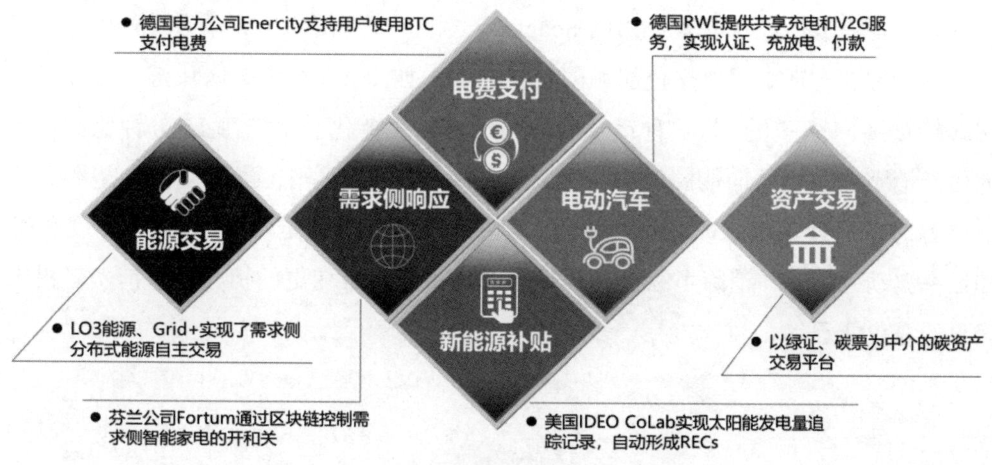

图 2-1　区块链在能源领域的应用现状

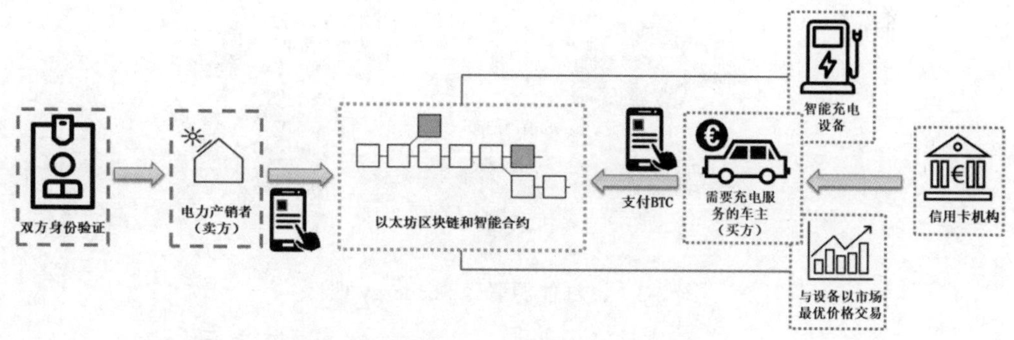

图 2-2　德国莱茵的区块链共享充电服务

在分布式智能电网领域，Tennet 公司与电池供应商 Sonnen 合作，使用 IBM 的区块链软件运营欧洲第一个由区块链控制的电力稳定计划。可再生能源可能是清洁、环保的，但因为受气候、天气的影响，在需要的时候并不总是可用的。该项目的核心思想就是采取一种新方法来更好地整合分散的可再生能源并实现安全供应，以鼓励公民积极参与能源转型。具体步骤是 Sonnen 为房主提供电池，当他们不用电的时候可以在家里储存电力。在 Sonnen Community 上这些电池是联网的，并连接到 Tennet 的传输系统，这样电力分配器就可以在需要时利用附近的存储电力，或者将多余的能量转移到电池中。这种方式让家庭设备真正成为电网基础设施的一部分，而不仅仅是一个用电终端，从而节省输电运营商用在网络管理上的昂贵费用。

此外，还有欧洲能源联盟推出的 Scanergy 项目，将 NRGCoin 作为可再生能源经济的润滑剂，旨在实现小用户绿色能源的直接交易。如图 2-3 所示，区块链一方面将产消两端直接对接，另一方面将这种市场上的新型交易规范化。系统每 15 分钟监测一次网络的生产消费状态，并向能源供应者提供 NRGCoin 作为奖励；当购电方期望购买绿色清洁能源时，需使用 NRGCoin 支付。由区块链智能合约锁定的 NRGCoin 不受外部政策和汇率波动的影响，消除了绿色能源生产者对市场政策变更的担心，为消费者提供更加优惠的绿色能源。

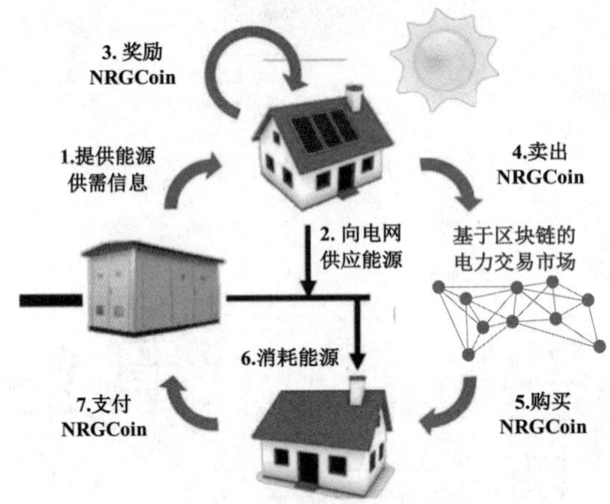

图 2-3 欧洲能源联盟 Scanergy 项目

与 Tennet 和 Scanery 项目应用场景类似的知名项目还有 2015 年美国能源公司 LO3 Energ 与区块链公司 Consensus 合作的 TransActive Grid。该项目将以太坊用于能源支付，其核心思想是分布式光伏的电压等级比较低，电力经不起远距离运输消耗，只能用于本地消纳，基于本地的能源微网通过区块链实现这样点对点的用户和发电者之间的电力交易。TransActive Grid 项目就是采用点对点的方式，将布鲁克林区的总统大道一侧 5 个家庭的剩余太阳能转为发电，然后出售给对面 5 个家庭，通过智能仪表进行连接和数据共享，用创建代币表示一定电量，通过仪表内的钱包进行交易。这是一个区块链网络连接交易，不需要依赖第三方电力公司的参与，每个家庭既是电力消费者，同时也是电力生产者，这种微电网点对点交易的模式（见图 2-4）比传统自上而下的电力分配系统更有效率，且节省开支。TransActive Grid 项目经过 PoC 后，LO3 于 2017 年推出了升级版的 Grid+，其加入智能代理设备帮助用户做出购买电力的决策，并提供个性化的能源服务，大规模运用区块链技术建立新的家庭能源供应商模式。

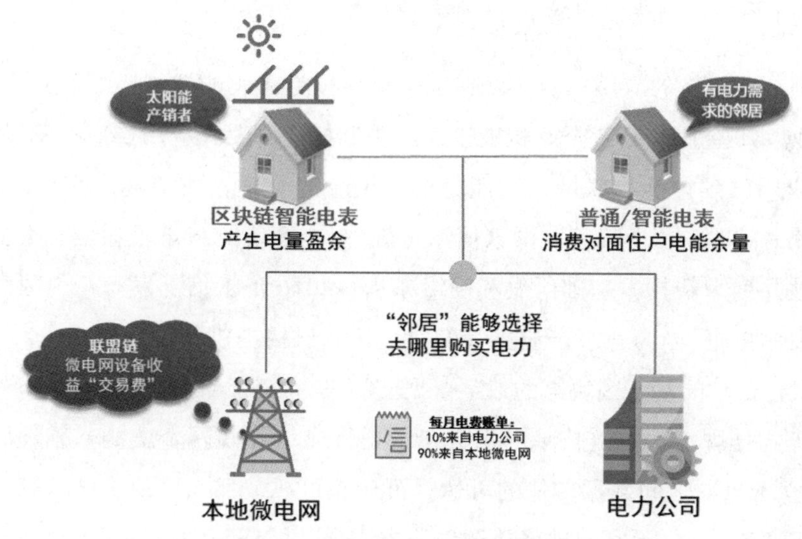

图 2-4　微电网的点对点能源交易

2.1.3　区块链在清结算领域的应用现状

在国外，区块链技术已在清算结算领域崭露头角。2015 年，美国证券交易巨头联手区块链初创公司 Chain.com 正式上线了用于私有股权交易的 Linq 平台。Linq 平台基于区块链技术，将股权交易市场 3 天的标准结算时间直接缩短到 10 分钟，几乎就在交易完成的瞬间完成结算工作，同时让结算风险降低了 99%。2015 年 7 月，Overstock 创建了 T0 区块链交易平台销售首个加密债券，使得结算和交易发生在同一时间，这被称为“交易即结算”。2015 年年底，高盛以比特币区块链为蓝本，开发了通过加密货币进行交易结算的系统 SETLcoin，保证了几乎瞬时的执行和结算。Ripple 专注于跨境支付领域，基于区块链开发的 InterLedger 协议项目在保持银行等金融机构的各自不同的记账系统的基础上建立了一个全球分布式清算结算体系。2015 年，金融领域代表性组织 R3CEV 和巴克啥莱银行、蒙特利尔银行（BMO）、瑞信银行、汇丰银行等 11 家银行组成了金融科技创新公司来研究区块链技术应用，目前已经有 40 多家世界著名的银行成为 R3 CEV 的会员；此外，西班牙的 Santander 银行认为，到 2022 年，区块链技术帮助金融行业降低 200 亿美元的记账成本，因为支付系统目前仍然是中心化的，货币的转移要通过中央银行，当金融公司彼此有生意往来时，同步内部的账簿是个耗时几天的繁重任务，桎梏了资本并带来了风险。

在国内，区块链的应用开发实践在以金融科技为代表的领域逐渐展开，金融企业、互联网企业、IT 企业和制造企业积极投入区块链技术研发和应用推广，发展势头迅猛。区块链的应用已延伸到物联网、智能制造、供应链管理、数字资产交易等多个领域。2016 年国务院印发《“十三五”国家信息化规划》，区块链与量子通信、类脑计算、虚拟现实等被并列为新技术基础研发和前沿布局。2016 年工信部发布《中国区块链技术和应用发展白皮书》，为各级产业主管部门、从业机构提供指导和参考。2017 年年初，中国人民银行推动的基于区块链的数字票据交易平台已测试成功，央行旗下的数字货币研究所也正式挂牌。区块链技术的意义在于它将成为互联网金融的基础设施。如果说 TCP/IP 建立了机器之间数据传输的可达、可信和可靠，那么区块链技术则首次在机器之间建立了“信任”。互联网被区块链划分出一个“信任”的连接层，可以记载、验证和转移经济价值。

本章针对未来“放开两端”的电力交易市场多主体、多模式、多规则的特点，开展基于区块链技术的分布式账本、共识机制、可信智能电表及购售电智能合约的研究。利用区块链技术构建的分布式账本，对电力市场的前端交易、营销数据实现分布式的记账存储，将交易中心提供的结算依据数据、营销部门提供的用户用电数据保存在区块链共享账本上，从而打通从支付计划、记账、付款、结算、清分到核算、纰漏、分析、预测的各个财务业务处理环节，实现购电费、售电公司服务费的安全、高效结算，提高财务数据的透明度和可审计性；利用区块链自动共享、不可篡改的记录保管方式，简化数据记录、存储环节，规避因人为操作造成的错误；通过智能合约将清算业务结构化，减少清算过程中的摩擦，同时实现“交易即结算”，提高清算、结算的效率。

2.2　区块链与电力交易结算的匹配度分析

从电改 9 号文《关于进一步深化电力体制改革的若干意见》相关内容以及国外的改革经验来看，市场的开放不可能一步到位，必然要经过一个过渡期才会进入全面推广期。因此，未来电力交易市场化改革将是一个逐步推进的过程，很长一段时间内会存在多种业务模式并存的局面，包含输配售一体、输配一体售电分开、输配分离等模式，如图 2-5 所示。

输配售一体的业务模式相对传统；输配一体售电分开模式中，允许电源与售电公司协商定价，结算主体为电网公司，需要根据市场用户的销售收入和电源结算购电费，与售电公司结算服务费，与政府结算政府基金，与管制用户结算交叉补贴等；输配分离模式的结算主体为配售电公司，通过与市场用户协商定价结算销售收入，通过与电源协商定价结算购电费，与电网公司结算输配电服务费，与政府结算政府基金等。由此可见，市场化结算模式在市场成员、交易合同和交易品种等方面对应用和系统提了新的要求：市场成员增多、交易品种逐步发展，要求结算系统能够灵活拓展，要能根据电能计量系统提供的有效电能数据，以及现货交易和实时交易中的电价数据、运行考核系统中记录的考核数据、交易合同中签订的相关数据（包括电价、电量、计量点等）及电力市场运行相关规则进行电能量结算和电费结算。

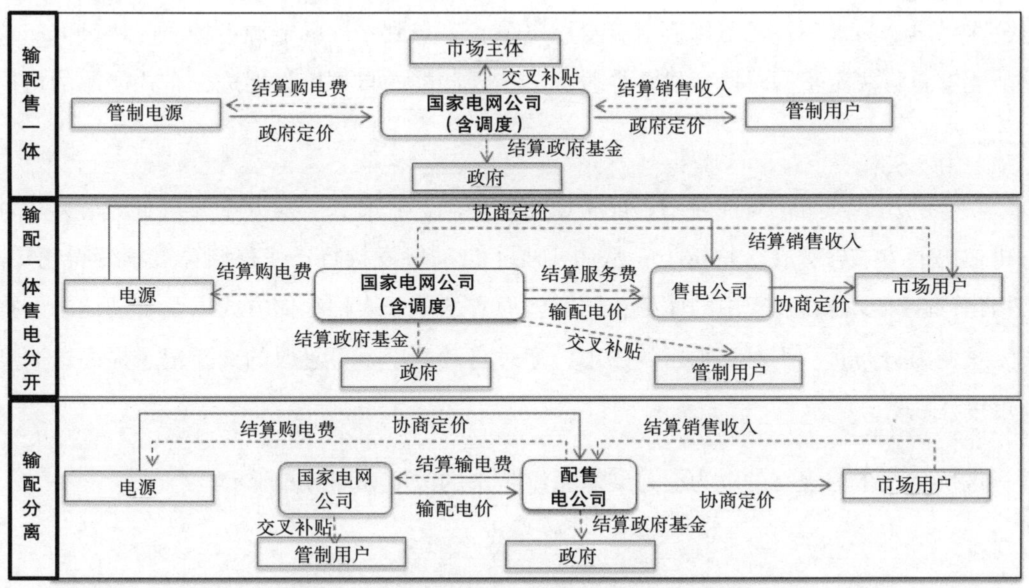

图 2-5　电改进程中的三种核心结算业务模式

区块链共享、可信、可追溯的特点，使其在清、结算等领域具备显著的优势。运行在区块链上的智能合约能将合同规则代码化，并构造一个去中心化的可信履约环境。区块链与电力市场交易结算的匹配度分析如下：

（1）区块链的去中心化可以增强能源市场交易的信任机制，降低交易成本、提高市场有效性。区块链中每一个节点都备份了系统中的全部数据，交易记录无法被篡改、公开监督，保证了交易系统的安全可靠，降低了信任成本。产消者通过签署智能合约达成电力交易意向，在条件达成后强制自动执行，保障了合约的执行力与可靠性，有利于交易市场的公平可靠。

（2）区块链能为能源辅助服务提供开放式记账平台，为结算与认定提供便利。采用基于区块链的调度系统能够实时共享电力系统各节点的电力供需信息以及实时价格，各机组根据区块链的共享信息自主确定发电量，能够实现生态化的调度运行。区块链能够为电力辅助服务提供开放公平的记账与交易平台，完成自动能源精准计量与按需结算。

（3）区块链利用分布式网络优化用户的电能资源配置，能为用户提供定制化的能源服务。随着区块链售电市场逐步建立，用户从接受电网单一垄断价格变为自主选择售电公司供电，另外用户还可以调节自身用电量，参与到不同的能源市场。区块链分布式储能能够自行决定不同时段提供多少服务，实现储能的自调度，促进分布式能源的协同工作。

（4）利用区块链的智能合约，能将原有的烦琐、耗时长、业务手续繁杂的清算用计算机代码的方式保存在区块链上，从而实现了自动触发执行，使得结算过程变得简单、结构化，能减少清算过程中的摩擦；同时将原有的电子表格存储方式以及手动记录的操作方式变为分布式、不对称加密的账本，通过自动共享不可篡改的交易记录提高透明度和可审计性。

区块链技术为现有的电力交易结算系统带来的改变如图 2-6 所示。

图 2-6 区块链对现有电力结算系统的革新

2.3 电力市场交易结算区块链的方案设计

由图 2-7 所示可知，未来的电力市场包括电厂、售电公司、电网、用户、交易中心等交易主体，在区块链上这些交易主体之间可以自由地定制交易智能合约，在合约中写入购售电交易的清算、结算规则；利用会员制身份管理判断交易双方的市场身份，并匹配对应的智能合约；用户通过区块链平台自定义智能合约，实现高效率的电费清算、结算。

如图 2-7 所示，将购售电交易费用结算模型用计算机代码表示为智能合约，并事先写入到区块链的分布式网络体系中；当合约中的某一事项发生时，智能合约就会被触发并自动执行相应的合约条款；会员制服务负责管理网络上的身份识别、隐私与机密。在合约发生前，会员制身份管理首先识别交易双方的市场身份，并匹配对应的智能合约；同时，会员机制也保证未授权的第三方不能获悉有关身份、交易模式、交易内容等机密信息。

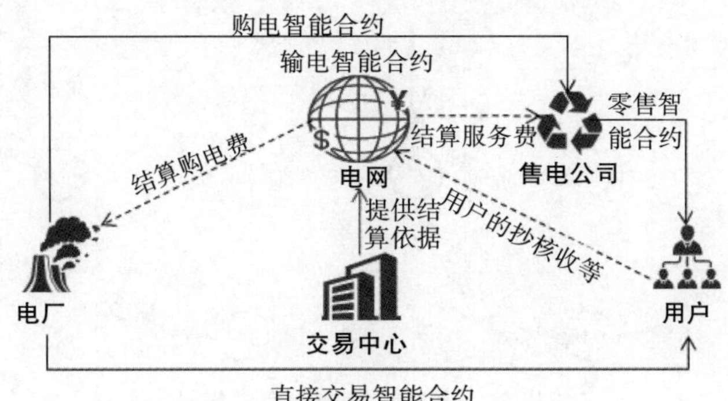

图 2-7 基于智能合约的电力市场交易模型

2.3.1 以电网为结算主体的电力市场私有链

由于电能并不是一个普通的数字化商品，发电、输电、用电过程需要在平衡供需关系的前提下由电网统一调配。因此在电网的智能化水平尚未达到一定程度之前，区块链在电力市场中的应用不可能做到完全的去中心化。未来随着电网智能化水平的不断提升，以用户为代表的市场主体去中心化诉求逐步凸显，区块链的去中心化程度才会逐步提高。因此笔者认为，在输配售一体、输配一体售电分开两种业务模式下，区块链应用于电力市场首先是电网财务部门内的私有链，然后逐步向各市场主体渗透形成联盟链，最终形成分布于各用电终端的公有链。

在私有链阶段，应用区块链可在前端交易、营销数据实现分布式的记账存储，打通财务业务处理各个环节，实现透明、高效、高审计性的电费清结算。如图 2-8 所示，将交易中心提供的结算依据数据保存在购电费结算区块链，营销部门提供的用户用电数据保存在售电公司服务费结算区块链，它们之间通过侧链技术 [10] 锚定，从而打通财务业务处理的计划、记账、结算、清分、支付、审计、披露、预测等各个环节，提高财务数据的透明度和可审计性；利用区块链自动共享、不可篡改的记录保管方式，简化数据记录、存储环节，规避因人为操作造成的错误；通过智能合约将清算业务结构化，减少清算过程中的摩擦，同时实现清算即结算，提高清算、结算的效率。

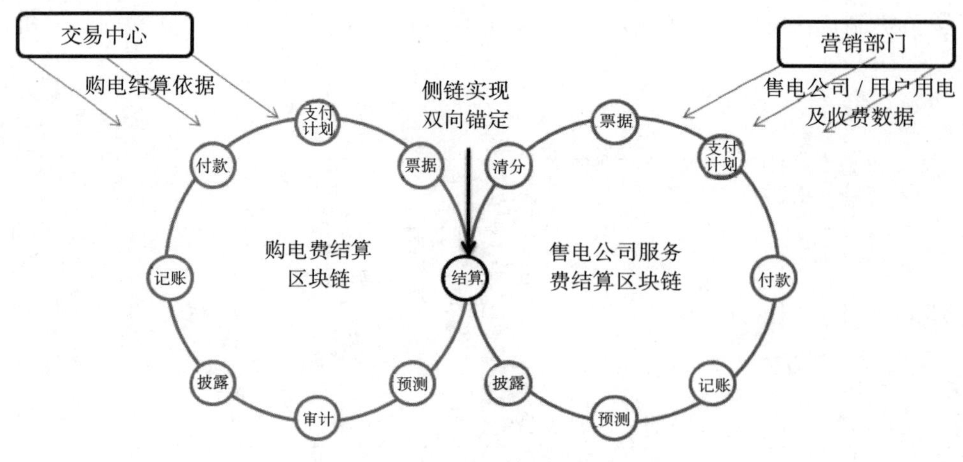

图 2-8 电费结算的私有链设计

2.3.2　以电网为结算主体的电力市场联盟链

随着市场对区块链的接受程度和对区块链价值的认可程度的提高，区块链逐步向电力市场的各个主体渗透，形成电力市场联盟链。如图 2-9 所示，区块链以分布式点对点对等网的方式将电力市场的交易主体（电厂、售电公司、电网、用户）连接起来；用数字化编码将清算结算规则写入区块链，交易双方可在区块链平台的基础上自定义智能合约；从达成合约协议开始，合约中约定的条件事项的发生将自动触发合约的执行程序；点对点对等网上大部分都是轻量级节点，保存与合约相关的交易哈希以及简要支付验证所必需的时间戳邻近的交易数据。这样做的好处是保留账本存储容量，提高处理性能；全节点类似于一个中心化的数据库，它保存从第一个区块开始的所有结构化的合约基础数据与交易数据，同时通过 Hash 映射保护用户隐私与交易的机密信息，保证了数据的不可篡改性。需要注意的是，这样的设计保留了中心化数据库，并没有做到完全的去中心化，但带来的好处有两个：提高链上的共识效率；便于进行查询、统计、审计等中心化操作。

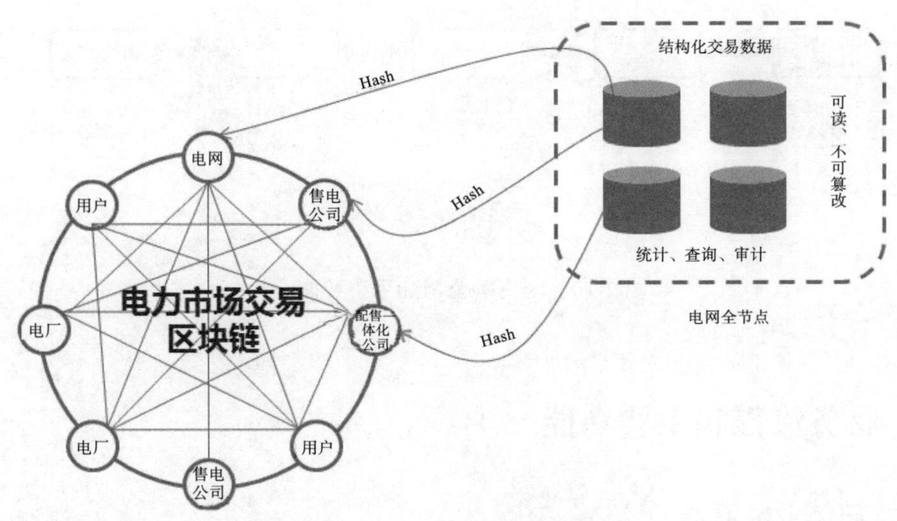

图 2-9　电力市场交易的联盟链设计

2.3.3　售电平台上的零售智能合约

在新电改配售分离模式下，以配售电公司为电费结算主体的电力交易将更加灵活、自由。在图 2-5 中提到的输配分离结算业务模式中，配售电公司通过客户负荷预测制定售电计划，与发电企业、电网公司签订三方购电合同。由于现货交易、实时交易的存在，很多情况下难以以纸质形式签约，而多以电子合同存在。然而，电子合同的法律效应、公信力的缺失容易引起分歧。区块链上的智能合约以代码方式撰写、执行，一旦签约必然履行，且区块链的可溯源、不可篡改性可以避免合约纷争，是配售电公司购电合同的一个良好解决方案。

图 2-10 所示给出了一个配售电一体化售电公司的零售智能合约运作过程。在售电侧，配售电公司在区块链售电平台上发布零售智能合约，电力用户与售电公司在区块链上签署智能合约，明确电量、协议电价、违约责任等要素。建立在区块链基础上的智能电表直接把电量记录在分布式账本上，自动抄表，自动计量，自动计费，自动履行智能合约，便于市场交换。区块链可以使零售电合同透明化、去信度化，帮助配售电公司提升售电平台的公信力，提升智能电表抄表的公信力；同时，由于售电平台是由售电公司自己搭建和管理的，落地的可能性很大。

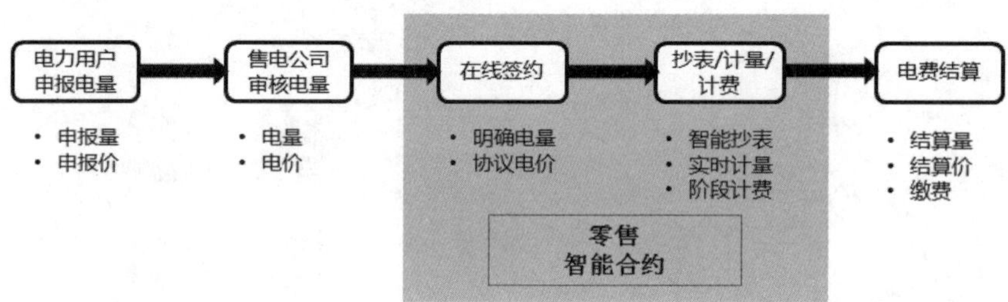

图 2-10 配售电公司的零售智能合约

2.4 业务流程和主要功能

2.4.1 总体业务流程

本方案的主要目标是构建以区块链技术为基础的面向能源互联网的电力资产交易体系，以市场化机制刺激可再生能源消费和就地消纳，增强供需两端信息融合和实时、可信、高效互动。如图 2-11 所示，通过“自下而上”的高效、自主、可信的数字资产交易结算机制，实现信息流、资金流、能源流的“三流合一”，服务能源互联网应用建设，初步构建能源区块链，实现可信任的分布式能源交易和结算功能，满足未来电力市场的应用需求。

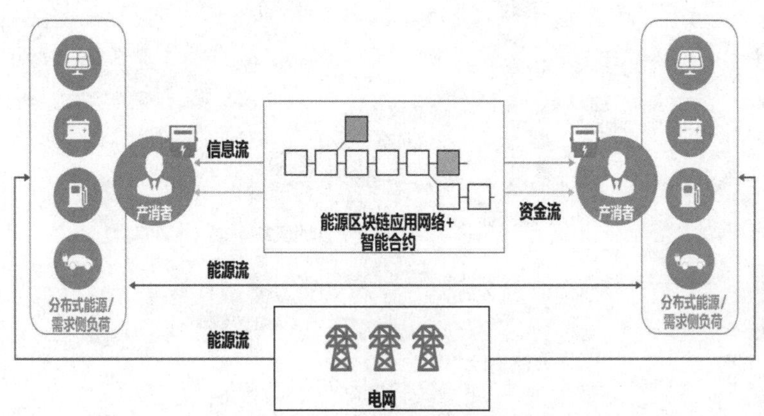

图 2-11　总体业务流程

具体来说就是，基于联盟链架构打造可支撑能源互联网的区块链应用，并在此之上建设一个分布式能源交易系统。系统支持分布式能源的点对点交易，并提供能源交易模板；供需双方通过能源交易模板可以在线发布各自能源需求，通过点对点的签约，实时生成能源交易智能合约，并在结算时刻到来时，根据能量分割结果清分出各方的结算单。一个典型的应用场景如图 2-12 所示。分布式能源交易系统符合新电改“管住中间、放开两头”的核心思路，提供能源交易场景中的点对点信任环境，使得电力需求侧用户可以在配电网范围内进行点对点的能源交易。

购售电合约的签订流程如图 2-13 所示。首先，售电方选择一个已启用的模板（合约模板由系统根据用户需要进行预置），填写具体交易信息后发布到区块链上；然后，购买方查询所需交易产品，并确认签订合约；接着，合约签订后，对应交易合同被部署为区块链上的智能合约，并即时生效；在智能合约部署后，购电方智能电表数据上链，并写入其签约的智能合约；最后，智能合约自动履行电费清结算并划扣资金。

本方案的主要业务创新点在于：

（1）可实现线下各类实体资产的数字化：通过各种类型的计量表，将各类能源资产的生产、消费情况进行精准计量，计量数据实时上链存储，为之后的各类线上服务提供可靠保障。

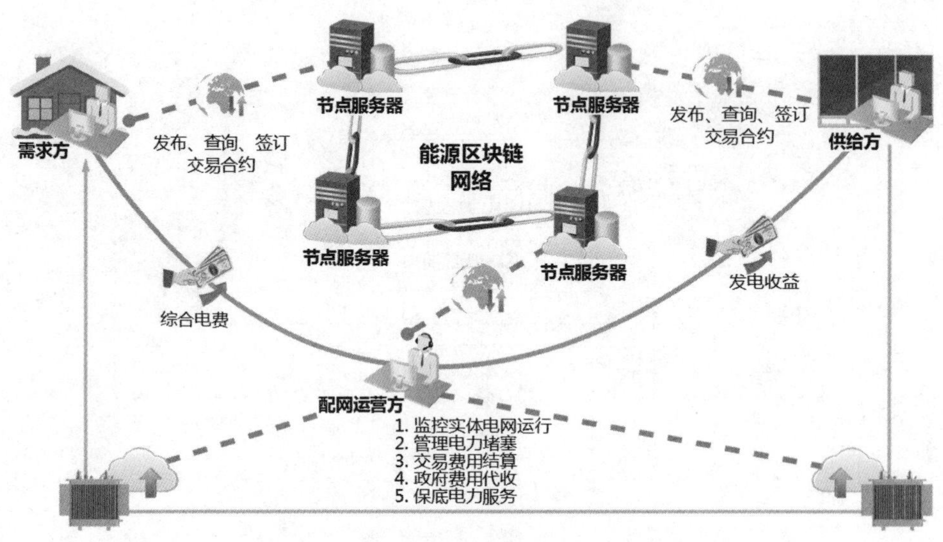

图 2-12　典型应用场景

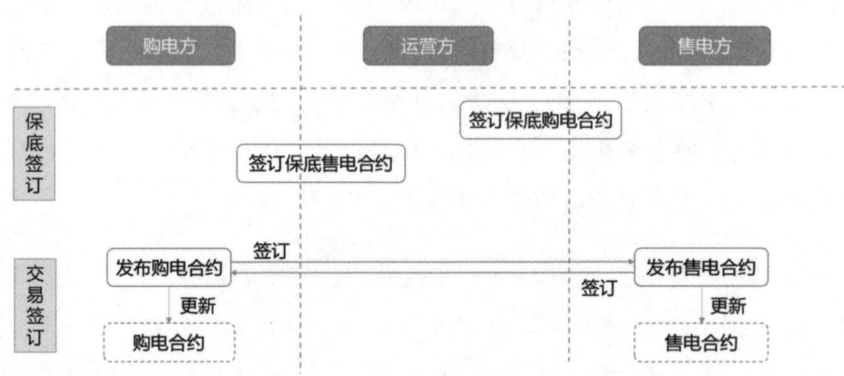

图 2-13　合约签订业务流程

（2）以智能合约为各类业务开展的核心支撑，通过实际业务需求定制各类不同的智能合约，实现在不同业务场景下的交易及结算功能。

（3）基于智能合约开展分布式能源的点对点交易，在提升市场主体的自治性需求的同时，提供交易信任度。

（4）提供交易过程的可信证明，区块链保存所有核心业务行为被记录，如智能合约的签订、电量的计量、费用的结算、账户金额的变动明细等。

2.4.2 主要功能

为了支撑供需双方在线发布能源需求、实时生成能源交易智能合约，并根据智能合约清分出各方的结算单，分布式能源交易系统的主要功能应包括门户、用户管理、资金管理、交易管理、运营管理、系统管理、区块链存证服务等。

（1）**门户**：门户功能包括系统管理员门户和企业、个人用户门户。系统管理员门户展示全网个人用户、全网企业用户和区块链平台信息；管理员可以修改密码、修改绑定邮箱、退出系统、进行个人设置。企业、个人用户门户展示企业、个人的基本信息，包括作为甲方已发布合约概况、作为甲方合约被签订概况、作为乙方已签订合约概况；用户可以修改密码、修改绑定邮箱、退出系统、进行个人设置。

（2）**用户管理**：企业、个人用户通过递交基本注册信息向管理方获取登录用的账户和密钥，并按需更新有关信息。系统管理员可以审核个人用户的注册申请、管理已注册的个人用户，也可以管理系统中所有的电表设备和发电设备信息。

（3）**资金管理**：根据结算情况生成结算单，提供第三方支付渠道进行点对点支付，以及提供资金收支明细的查询功能。资金明细查询，即可以查询资金变动明细和结算单情况，并可选定结算项目进行点对点支付；结算管理，即根据结算情况生成结算单，提供第三方支付渠道进行点对点支付，以及提供资金收支明细的查询功能。

（4）**交易管理**：根据不同角色权限，使用不同功能，实现能源交易从发布、签订到最后结算的完整流程。交易发布，即用户可以选择管理员已启用的合约模板，填入交易参数后，形成待交易产品；交易签订，即用户已绑定用电电表时，选择可交易的交易产品，完成交易签订，并部署为区块链上的交易合约；交易查询，即用户可以查询并管理自己发布的合约，对已发布未签订的合约进行撤回，还可以打开合约进行查看合约详情、交易详情、上链存证等信息。

（5）**运营管理**：系统管理员可在运营中心查看用户情况、交易情况、收支情况、网架概况及区块链的实时运行状态，维护合约模板（如分布式能源交易模板、分布式光伏补贴结算模板等）。

（6）**系统管理**：提供日志、消息、应用服务和区块链平台状态监控等功能。系统管理员、企业管理员、企业用户、个人用户均可维护个人信息。个人用户需要进行实名认证。企业管理员能够通过此功能实现对本企业信息的修改和查看。企业管理员可以通过上传营业执照进行企业认证。系统管理员、企业管理员可以添加角色，可以为角色分配系统操作权限。

（7）**区块链存证服务**：提供合同存证、电量存证服务。合同存证，即购售电合同签署后，在区块链上保存签署方、签署时间、签署地点以及合同头信息，供后续查询，提供使用证明。电量存证，即从智能电表终端读取发电、用电量信息，供后续查询，提供证明使用。

2.5 关键技术及方法

2.5.1 电力市场交易结算智能合约

早在 1994 年，加密大师尼克萨博就提出了智能合约的概念，但由于缺少可信的执行环境并没有得到应用。直到 2009 年比特币诞生后，人们意识到其底层区块链技术可以为智能合约提供可信的执行环境。然而，比特币的区块链架构主要围绕去中心化的数字货币展开，用来支撑智能合约还非常局限。例如比特币的区块链平台使用工作量证明共识算法（Proof of Work, PoW），在执行时需要每个矿工计算随机数以争夺记账权，这需要消耗大量的算力，并且一笔交易的确认至少需要 10 分钟，达不到商用要求。近年来，以太坊、Hyperledger 为代表的区块链 2.0 技术的长足发展，保证了智能合约的高效运行。与比特币系统比较起来，电费结算智能合约系统在节点的准入机制、传输协议、Hash 算法、加密方法、共识机制等方面有诸多不同，表 2-1 给出了对主要技术实现的改进。

表 2-1　技术实现上的改进

	比特币系统	智能合约系统
共识机制	PoW	PoW +PoS
脚本引擎	非图灵完备	图灵完备
存储策略	全节点	全节点 + 云存储
哈希算法	SHA256+RIP EMD160	SHA3
交易长度	60 字节	30 字节
支付验证方法	Merkle tree	Merkle Patricia tree
交易平均确认时间	10 分钟	16 秒
安全策略	UTXO	会员制账户

通过在区块链上发布一个购售电合同的智能合约实例，分析区块链系统运行的正确性、稳定性和效率。该合约根据约定的购售电量和实际实施的购、发电量之间的关系，做出如下约定：

约定 1 甲方年度实际购电量高于年度合同约定电量的 105% 时，直接交易结算电量为甲方年度合同约定电量 ×105%，超出部分按照对应电压等级的大工业目录电价 ×110% 结算。

约定 2 甲方年度实际购电量低于年度合同约定电量的 95% 时，直接交易结算电量为甲方年度实际购电量。对低于年度约定购电量 ×95% 的差额电量，甲方按电量差额乘以 0.02 元 / 千瓦 · 时（含税，下同）的标准向乙方支付违约金，违约金计算式为：

（月度约定购电量 ×95% – 当月实际购电量）×0.02 元 / 千瓦 · 时

约定 3 如果乙方因设备故障等原因导致当月全部上网电量低于约定直接交易电量的 95%，低于部分电量由乙方按甲方相应的目录电价与直接交易到户电度电价的差价向丙方支付补偿金。补偿金计算式为：

（甲方月度约定购电量 ×95% – 乙方当月实际上网电量）×
（甲方目录电价 – 甲方直接交易到户电度电价）

图 2-14 所示是用 solidity 语言编写的智能合约实例，其中图 2-14a 所示是约定 1 和约定 2 的智能合约实例，图 2-14b 所示是约定 3 的智能合约实例。由图可见，对售电方

发电充足、售电方发电不足、购电方的购电量上下浮动等多种情况都用计算机编码写成了规则，并存放在区块链上。购售双方一旦在区块链上签名，该合约就会根据智能电表的抄表情况自动履行。

```
contract PurchasingElectricity
{
    //售电方数据结构
    struct Saler
    {
        address sale   //售电方地址
        uint plan_quantity;  // 计划购电量
    }

    uint public value_1; // 目录电价
    uint public value_2; // 用户电价
    address public punchase;  // 购电方地址
    address public transport; // 传输方地址

    mapping(address => Saler) public salers; //售电方


    function PurchasingElectricity(address _sale, uint _plan_value; uint _plan_quantity,
                                   address _transport, uint _value1, uint _value2)
    {
        punchase = msg.sender;
        salers[_sale].sale = _sale;
        salers[_sale].plan_quantity = _plan_quantity;

        transport = _transport;

        value_1 = _value1;
        value_2 = _value2;
    }
```

a) 约定 1、约定 2 的智能合约实例

```
    //售电方发电足够的情况
    function payment_a(address sale, uint actual)
    {
        if(actual > salers[sale].plan_quantity*1.05)  // 甲方年度实际购电量高于年度合同约定电量的105%时
        {
            value = (actual - salers[sale].plan_quantity*1.05)*(value_1*1.10);
            Send(punchase, sale, value);
        }
        if(actual < salers[sale].plan_quantity*0.95) // 甲方年度实际购电量低于年度合同约定电量的95%时
        {
            value = (salers[sale].plan_quantity*0.95 - actual)*2;  //（月度约定购电量×95%-当月实际购电量）×2分/千瓦时
            Send(punchase, sale, value);
        }

    }

    //售电方发电不足够的情况
    function payment_b(address sale, uint actual)
    {
        if(actual < salers[sale].plan_quantity*0.95) //乙方因设备故障等原因导致当月全部上网电量低于约定直接交易电量的95%时
        {
            value = (salers[sale].plan_quantity*0.95 - actual)*(value_1 - value_2);
            Send(sale, transport, value);
        }
    }
}
```

b) 约定 3 的智能合约实例

图 2-14　一个购售电合同的智能合约

表 2-2 所示是在一个由 4000 个节点构成的 P2P 网络中执行该智能合约的结果。在一周时间内，共签署了 7129 个智能合约，其中顺利履约的有 7085 个，失效的合约有 44 个，成功率约为 99.38%。合约失效的原因主要是购电方的保证金不足或合约发布方

的 gas 耗尽。同时，合约履行时每笔支付的平均交易确认时间约为 16 秒。

表 2-2 智能合约执行情况

日期	合约签署数	合约执行数	合约失效数
2017.3.1	1339	1334	5
2017.3.2	2113	2097	16
2017.3.3	1337	1326	11
2017.3.4	727	725	2
2017.3.5	308	308	0
2017.3.6	1215	1206	9
2017.3.7	90	89	1
合计	7129	7085	44

与原来的双边合约相比，由分布式记账本管理的能源零售市场增加了配售电公司和用电用户的选择权，合约内的多余电量不仅可以存于电池备用，或返回给电网，还可以出售给网络里出价最高的买家，甚至异地赎回（如给在行驶的电动车充电）等。通过建立在区块链上的智能合约，可以数字化、智能化地完成售电公司的切换，用电用户只需在电脑或手机上点击几次，就可以便捷地完成供应商的更换。由此可见，区块链技术能推动能源零售市场的智能化，使得公民在能源零售市场中发挥更大的作用。利用区块链技术，用电成本和需求数据能及时地反映在一体化的能源市场上，帮助公民做出正确的决策，鼓励公民积极参与能源市场，简化能源供应合同的切换。区块链技术帮助能源生产者和能源消费者共同制定因需求而动态变化的能源价格，保证不同市场的互联互通性，使电网中的能源用户真正获得收益。通过分布式发电、智能电网和储能技术，居民可以通过区块链参与能源的生产和销售，降低电费开支。

2.5.2 权益证明共识算法及图灵完备计算环境

比特币采用 PoW，不仅耗费大量算力，而且每秒最多只支持 7 笔交易，效率低下。本智能合约系统采用 PoW + PoS 的共识机制，将区块分为 PoW 区块和 PoS 区块两种。权益（Stake）体现为区块链节点对特定数量货币的所有权，称为币龄或币天数 (Coin Age)。在 PoS 区块中，旷工通过向自己支付并消耗特定数量的币龄来获取区块记账权。整个过程如图 2-15 所示，左边第一个输入称为内核（Kernel)，本质上是一条达成哈希目标的协议，要求币龄大于哈希目标，其中哈希目标由区块平均权益、未被花费的输出（Unspent Transaction Output，UTXO）和当前时刻共同决定，而币龄等于当前拥有的币数量乘以最后一次交易的时间。

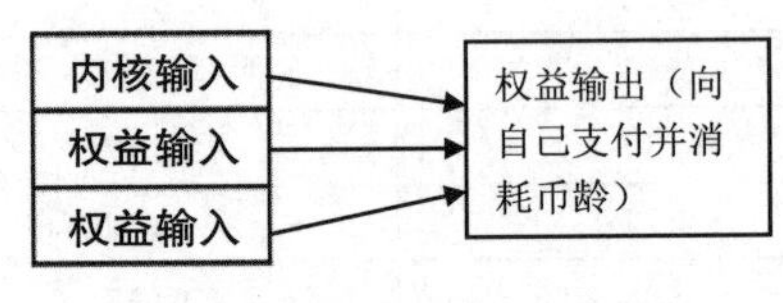

图 2-15 PoS 的交易结构

由此可见，在生成内核的过程中消耗的币龄越多，越容易满足哈希目标。PoS 共识过程仅依靠内部币龄和权益而不需要消耗外部算力和资源，从根本上解决了 PoW 共识算力浪费的问题，并且能够在一定程度上缩短达成共识的时间。

比特币系统从安全角度出发，其脚本引擎非图灵完备，因此目前能通行的比特币脚本指令不多，应用场景仅限于数字货币。本章介绍的智能合约系统基于图灵完备的 256 位计算环境——以太坊虚拟机（EVM），可以进行任何种类的计算，从而支持智能合约的运行。

EVM 中运行智能合约需要消耗 Gas（即执行的代码受参数 Gas 的严格限制），规定了可运行计算指令的上限，从而避免无限循环。假设整个网络状态为 σ，合约运算剩余的 Gas 为 g，区块链运行环境中的重要信息保存在元组 I（当前合约地址，合约发起者地址，本次交易的 Gas 价格，交易输入数据，执行合约的账户地址，合约账户余额，当前区块头，当前 CALL 操作和 CREATE 操作数）内，系统状态转移函数记为 Ψ，σ' 为系统运行后状态，g' 为运行后剩余 Gas，s 为执行终止操作的合约列表，l 为记录序列，r 为运行后返还的 Gas，o 为合约产生的输出，则整个状态转换可表示为：

$$(\sigma', g', s, l, r, o) = \Psi(\sigma, g, l)$$

在大多数情况下，Ψ 被定义为不断迭代系统临时状态和虚拟机临时状态的过程，迭代的终止由以下两个条件决定：

（1）系统状态出现异常使得 EVM 停止工作，例如 Gas 不足、指令无效、虚拟机堆栈不足等情况；

（2）EVM 执行完所有指令并返回结果，正常停止。

在每一次迭代过程中，智能合约的指令被压入堆栈，EVM 按堆栈索引执行指令。每执行一条指令就支付相应的 Gas，直到所有指令执行完毕，堆栈被清空；若遇到异常，EVM 则停止工作并逐层向上返回。

2.5.3　并行存储策略与数据上链方法

电力市场交易结算智能合约的设计思路是在不改变原有业务架构的前提下并行执行一个区块链账本，因此需要解决数据库到区块链的数据同步问题。从交易中心数据库到购电费结算区块链的数据同步有两种：一种是采用 ETL 方式连接交易中心数据库与区块链，在 ETL 工具上实现交易数据采集脚本，由 ETL 工具定时从交易中心数据库抽取购电费结算数据，完成数据抽取之后，对抽取的数据进行一定的清洗，通过区块链 RPC 接口以交易的方式实时提交到区块链上；另一种方式是，通过 ETL 工具对接交易中心数据库的日志系统，实现实时日志分析，根据 ETL 上预设的采集规则对需要采集的数据进行实时抽取，对抽取的数据进行一定的清洗之后，组装成区块链交易单，放入区块链前端消息队列，通过区块链 RPC 接口提交到区块链上。基于 ETL 工具的数据同步流程如图 2-16 所示。

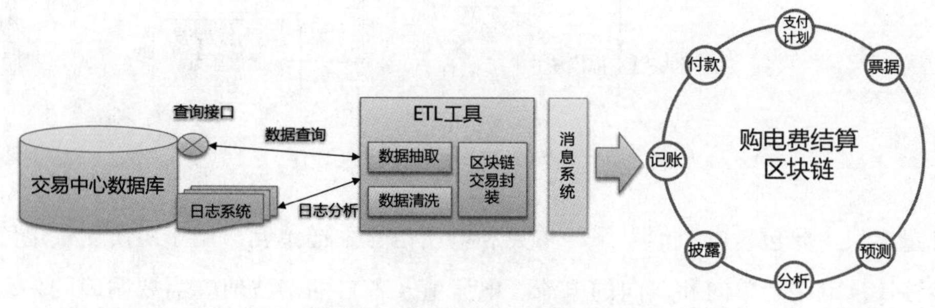

图 2-16　数据上链与同步方法

2.5.4 可信智能电表

针对传统智能电表的电力数据采集不准确、交易成本高、事后电费账单难追溯等问题，我们将传统电表软硬件与电力区块链支撑模块相结合，设计了一种新型的基于区块链技术的可信智能电表。利用区块链技术分布式存储、数据加密、去信任等特点，加强各交易方账本透明共享，从而提高交易的清算速度，加大对数据安全与用户隐私的保护力度。

图 2-17 是可信智能电表的硬件结构示意图，在图中可以看出本电表包括计量模块、中央数据处理模块、通信模块、显示模块、电源模块和区块链支撑模块。

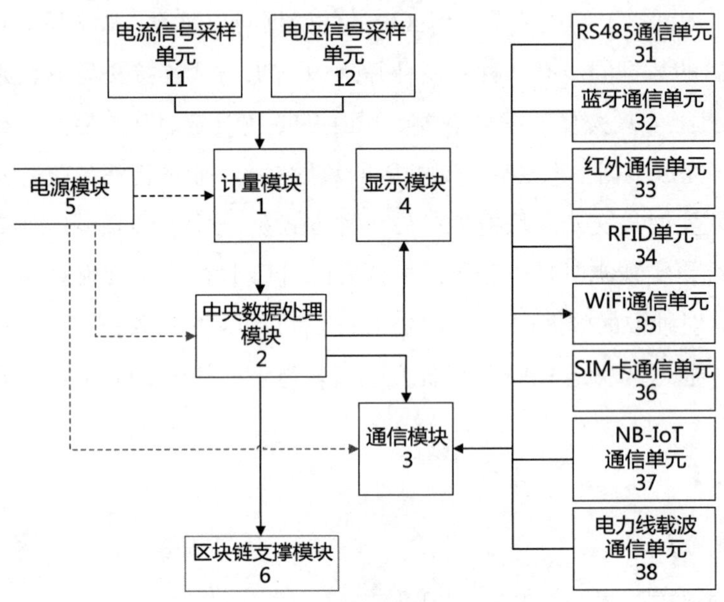

图 2-17 可信智能电表结构示意图

计量模块主要包含电流信号采样单元和电压信号采样单元，用于对所测量电路的计量，能够计量电路上单向和双向的电流、电压值及各自的谐波值。需要明确的是，计量模块可根据实际安装电路情况的不同，实现对单相或三相电路的信号测量。中央数据处理模块的主要作用是接收计量模块的数据，经过逻辑处理后反馈给相连的显示模块、区块链支撑模块。将区块链支撑模块处理后的数据反馈给通信模块并传递给外界信息网络。通信模块与中央数据处理模块相连，将中央数据处理模块的数据通过不同的通信单元输出给外界信息网络，同时通过不同的通信单元接收外界信息网络给的数据并传递给中央数据处理模块。需要注意的是，图 2-17 所示的通信模块包括 RS485 通信单元、蓝牙通信单元、红外通信单元、RFID 通信单元、WiFi 通信单元、SIM 卡通信单元、NB-IoT 通信单元、电力线载波通信单元，它们仅为可支持的通信单元示意，在实际的智能电表生产及安装过程中可根据用户的需求使用其中一种或多种通信单元，以满足实际数据传输的需要。另外，SIM 卡通信单元可根据用户的需求，在生产及安装过程中使用支持 GPRS、3G、LTE 等不同制式的通信卡，并不限于某一单一通信制式。显示模块能清楚地显示电表的各类数据，并不以某一单一的显示屏类型为限制。电源模块与计量模块、中央数据处理模块、通信模块相连，用于为以上模块提供工作电源。区块链支撑模块主要提供存储、共识、加密、交易、合约和身份等方面的支撑能力。

当一个新的可信智能电表加入到网络，首先要和其对应的所有者 A 进行关联，锚定用户的身份信息（如身份账号、手机号等）及该电表的设备信息（如产品编号），并对电表的一些参数进行描述。系统为用户 A 生成公私密钥对（sk_A, pk_A），公钥 pk_A 是其在区块链上的地址，私钥 sk_A 用于注册交易的身份认证和签名。然后，系统将完成的注册交易广播到区块链网络中，被矿工节点验证并共识后加入到区块链的最后一个区块。注册成功后，用户可以在区块链上查找到相关的电表数据。

当一个主体（用户或可信智能电表）要访问某个受保护的数据或资源时，需要提交访问请求、响应访问权限。请求主体首先向数据 / 资源所有者发送目标地址（即资源公钥）和相应的操作请求，然后资源所有者通过请求主体的公钥验证其身份，验证通过后根据需求为其创建相应的访问策略，并将它以锁定脚本的形式（即智能合约）封装在交易的输出中，通过交易发送至请求主体的公钥，并广播到区块链网络。网络验证节点验证其有效性后将其加入到区块链中，从而完成对主体访问的授权。此时，请求主体已具备该数据 / 资源的访问权限，可以通过自己的私钥获取访问通行证，然后携带访问通行证向数据 / 资源所有者发起访问请求。最后，资源所有者验证通行证并与预定义的策略进行比较，决定是否接受该请求。

区块链上记录了所有主体对某个资源的操作权限，所有主体都可以查看。如果某个

数据 / 资源的所有者恶意拒绝了满足条件的访问请求，将可能被公开审查。通过智能合约可以实现访问请求的自我监管，强制执行符合要求的访问请求。

如图 2-18 所示，用户可在智能合约中自定义每隔一段时间（如 15 分钟）从硬件的中央数据处理器中获取电力数据并报送到联盟链，进行每天或实时结算；购电方可通过信息终端，如手机 App、Web 网页等渠道发起购电请求，并通过 WiFi 中心、第三方 API 发送至联盟链。会员制服务负责管理网络上的身份识别、隐私与机密。在合约发生前，会员制身份管理首先识别交易双方的市场身份，并匹配对应的智能合约。交易双方对该合约达成共识，并进行数字签名后合约生效。随后，当合约中的某一事项发生时，智能合约就会被触发，并执行相应的合约条款，如进行自动电费清结算。

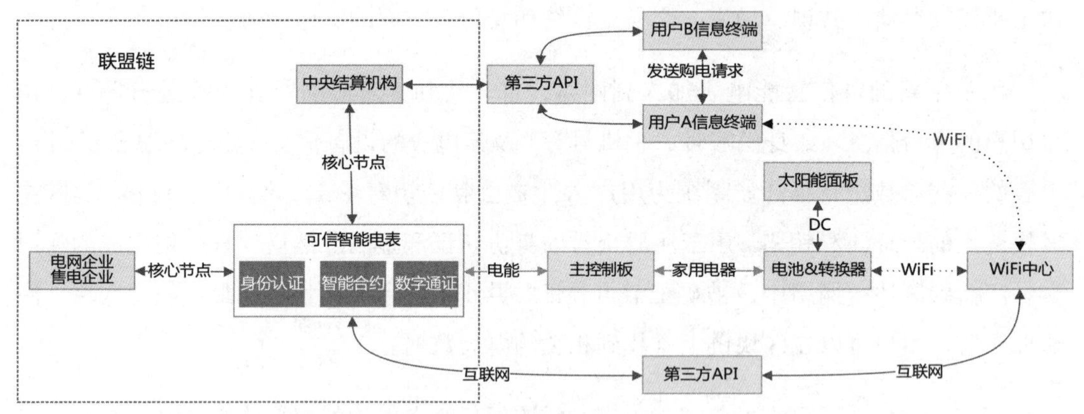

图 2-18 电力交易结算流程

通过可信智能电表自动履约，做到去信任、可追溯。同时，会员机制也保证未授权的第三方不能获悉有关身份、交易模式、交易内容等机密信息，降低电力市场交易的信任成本，提高交易结算效率。待交易完成后，用户可通过前段界面访问系统，查询联盟链上的电费账单存证历史。电费结算等数据会同步更新至电网企业、售电企业等节点账本，打破多方信息壁垒，实现不同部门间低成本有效协作与数据完整性传递。

2.5.5 电网能源终端交互方法

2019 年 3 月，国家电网有限公司提出全面部署泛在电力物联网，建设万物互联的智慧能源综合服务体系，实现业务协同、数据贯通和统一物联管理，形成共建、共治、共享的能源互联网生态圈。泛在电力物联网和区块链技术互联互通、共治共享的思想一致，是区块链落地应用的广阔天地，同时也带来了新的挑战。随着泛在电力物联网的建设和普及，海量电力智能终端不断接入，对数据交互的并发性和稳定性要求将会越来越高。然而，传统的区块链（如比特币、以太坊）采用的基于工作量的共识是将一段时间内接收到的交易数据打包并封装到一个带有时间戳的数据区块中，区块验证成功后再被链接到当前的最长链上。从结构上看，这样的区块链只有一条单链，共识不能并发进行，打包出块往往需要等待较长时间。若采用传统的单链线性记账方式，势必会造成网络拥堵，数据交互耗时长，信息也不能实时双向传递。因此如何打破区块链的效率瓶颈，是区块链技术在电网大规模应用的关键。

1. DAG 链

为了解决区块链的共识效率问题，Sompolinsky Y 和 Zohar A 于 2013 年提出将交易存储在树形结构而非链式结构上，用来加速比特币交易 [11]；2014 年，有人在 nxtforum.org 提出将有向无环图（Directed Acyclic Graph, DAG）与区块链相结合的解决方案。随后两年，出现了不少项目都采用了类似的存储结构，如 DagCoin、The Tangle 和 Byteball，本书将它们统称为 DAG 链。DAG 链不仅是一条单链，而是采用树 / 图结构，让每笔交易不严格按时间顺序验证排队上链，且并发写入区块链，以此大幅度提高运行效率。从发展阶段上看，DAG 链分为两种：一种是 DAG+ 区块（DAG of Blocks）模型（如 nxtforum.org 上提出的模型），只是引进了 DAG 的网络拓扑结构，交易还是被打包成区块，不同类型的交易分别在不同的链上共识，最后再对不同的分支进行合并，通过划分交易类型同时在多条链上共识，达到缩短共识时间的目的；另一种是 DAG+ 交易（Blockless）模型（如 DagCoin、The Tangle，和 Byteball），其完全放弃了区块的存储结构，转而对粒度更小的交易做共识。一笔交易就是一个区块，不需要和其他交易一起打包，这样就节省了打包成区块的时间。

下面简要介绍 DAG 链的拓扑结构。

如图 2-19 所示，DAG 链的最左边为创世区块，它的出度为 0。从左至右为从创世区块至所有新区块（注意同一时刻可以有多个新区块）所构成的有向无环图，哈希指针由新区快指向历史区块。除创世区块外，其他区块都可以有多个入度和多个出度，新区块暂时没有入度。DAG 链的运作原理为：每当有新的交易产生时，都向前验证 N 个交易区块的有效性。随着交易被越来越多的直接或者间接的交易所验证，这个交易的可信度就越来越高，直到最终被系统接受，形成新的区块。在这种结构下，同一时刻各节点的账本有可能不完全一致，但最终会是一致的。

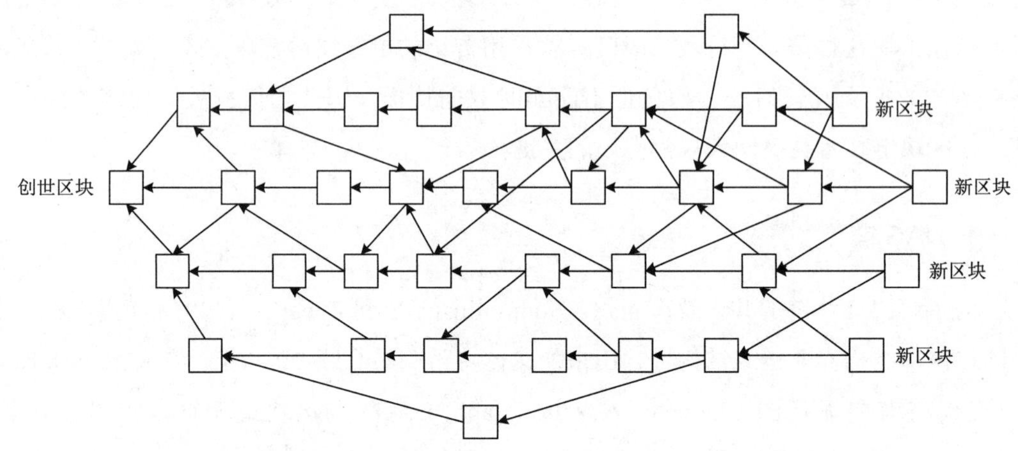

图 2-19　DAG 链的拓扑结构图

为了让电网系统更灵活、快速、易扩展，也可以用网状的 DAG 链拓扑结构替代传统的单链存储结构，结合异步通信共识机制，在区块打包时间不变的情况下，并行对多个区块做验证。这样，多个能源终端节点就可以按照不同的节奏共识确认交易，平行验证，高并发写入，以此提高电网的运行效率。

2. DAG 链的"双花"问题

在一个基于区块链的电网中，不同能源终端之间的数据交互都在链上以交易的形式进行，数据是否真实可信、交互能否成功都取决于这笔交易被广播后能否被全网有效共识确认。在 DAG 链中，不单只有矿工或指定的记账节点有记账权限，而是整个网络节点都参与到交易合法性的验证中。这确实可以提高效率，但也让双花攻击成为可能。假设攻击者同一时刻在 DAG 的两个不同路径上添加了两笔冲突的交易（双花），他们将在链上不断向前验证。只要他们不汇聚到一起引发冲突，将永远不被其他人发现。因此，需要让DAG的不同分支最终都汇聚到一条链上，并在DAG宽度和交易置信度之间找到平衡，快速发现冲突、解决冲突，保证DAG链的一致性。例如，可以借助主链和权威节点的思想，用如下异步通信共识机制进行新区块的确认：

（1）在基于区块链的电网系统中事先选取 *N* 个权威节点（*N* ≤全部节点的1/3）作为“见证人”，负责主链上交易有效性的确认与全网交易检查。

（2）当某个能源终端节点 *A* 发起一笔数据交互的新交易时，该节点会找前两个权重值（Weight）较高的过去连续历史父区块去验证（见图2-20）。如节点 *A* 在 *B*、*C*、*D*、*F* 这四个与 *A* 有直接关系的父区块中会找到权重值最高的 *B* 区块和 *B* 区块的权重值最高的直接父区块 *E* 区块来验证。

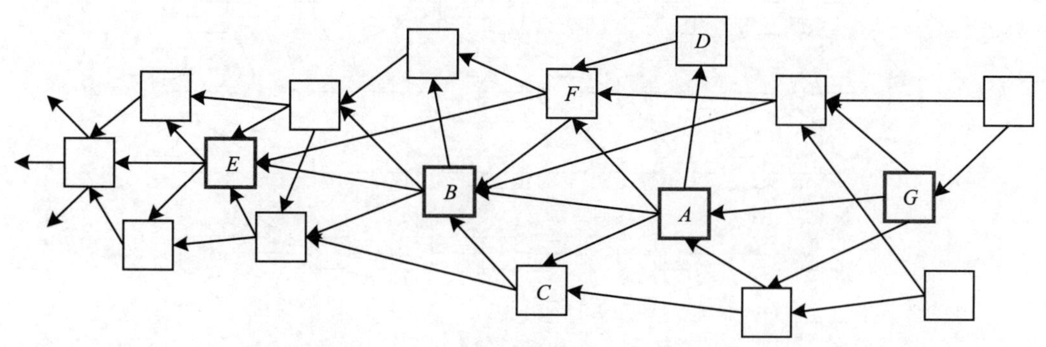

图2-20　寻找权重最高的连续父区块

（3）利用 *B*、*E* 两个父区块的随机值（Nonce）和 *A* 的自身算力进行简单的计算，得到区块 *A* 的权重数值 *W*(*A*)。

（4）将计算得到的 *W*(*A*) 以及 Nonce(*A*) 向全网所有节点广播。

（5）该区块的运算结果又会被其他节点发起新交易的子区块 *G* 以相同的方式验证。被其他节点验证的次数越多，区块 *A* 有效的概率越高。

（6）当区块 *A* 被超过一半的权威节点直接或间接确认时，他的有效性将被最终确定；

（7）权威节点将有效区块 *A* 加入到主链（见图 2-21）。

在步骤 2 中之所以要选择权重高的父区块来验证，是为了增加自己的交易被后来交易验证的可能性。如果某个节点绑定了非法交易，那么他的权重将会降低，被后来区块验证的次数将会越来越少，最终被区块链网络抛弃。权威节点负责记录交易区块的时间戳，监督每个区块按照权重值的大小排序依次进行验证。在权威节点见证的主链中，所有区块要么位于主链中，要么向前跳跃少数几个父区块就可以到达主链，跳跃的次数被称为主链指数（Main Chain Index，MCI）。当有冲突（两笔互相矛盾的交易）发生时，比较这两个区块的 MCI，只保留 MCI 较低（即离主链更近）的那个，从而剔除非法交易，杜绝双花事件的发生，保持数据的一致性。

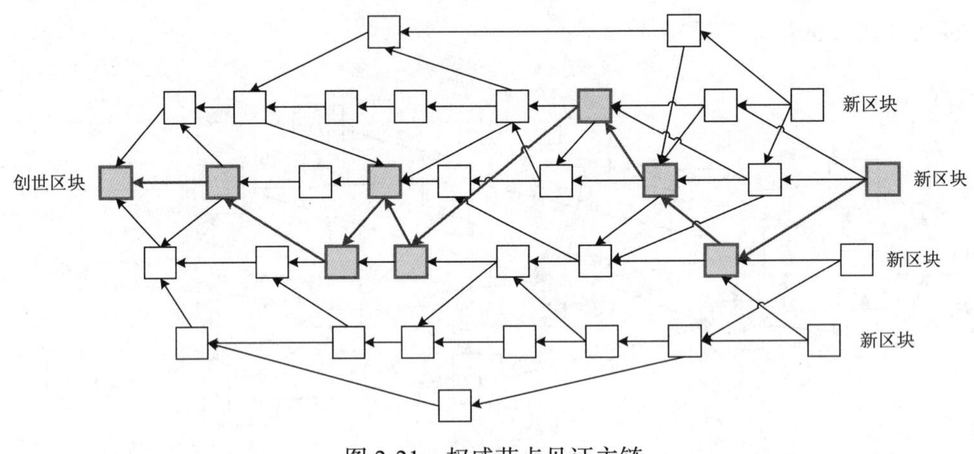

图 2-21　权威节点见证主链

2.5.6　小额电费离链支付方法

电力交易中存证着大量小额交易，考虑到共识达成效率和资源消耗，可以对小额电费采用离链支付协议 [12]。将海量小额交易在链下通道中处理，交易过程中不与主链交互，而在交易通道关闭或交易方退出时才请求主链记录交易最终状态，包括交易是否成功、交易账户余额变动等敏感信息，实施“链上锁定—链下执行”等一系列操作，这将极大缓解主链的处理压力，提升系统在单位时间内交易处理能力。离链支付路径如图 2-22 所示。

算法 1：小额支付算法。

```
procedure MICROPAYMENT
multiSigTx ⇒ txAddrA.Sign(rScript,T,lockTime)
msgAddrA.msg(multiSigTx)⇒ msgAddrB
txAddr B. broadcast(multiSigTx)
i ← T/P
n ← 0
msgAddrB.msg(bλ, i + 1)⇒ msgAddrD
msgAddrD.msg([bλ+1, ..., bλ+i-1])⇒ msgAddrB
msgAddrB.msg(bλ)⇒ msgAddrA
for n ≤ i do
  if msgAddrA.msg(multiSigTx)⇒ msgAddrB
       |T' + i * P ≤ T then
     i ← n + 1
     msgAddrB.msg(bλ+i)⇒ msgAddrA
     T←T'
     n←n+1
  end if
 end for
end procedure
```

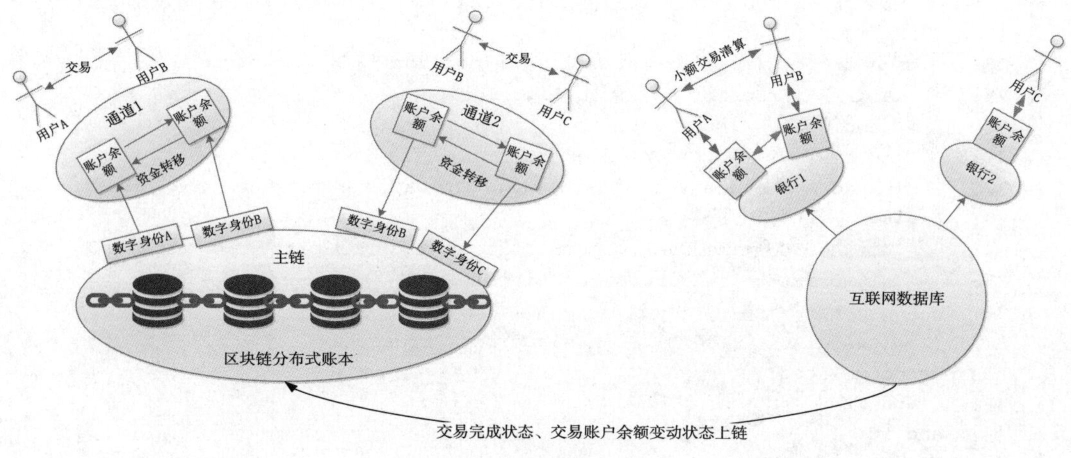

图 2-22　离链支付路径

算法 2：通证支付算法。

```
procedure ENERGYTRADING
 txAddr ← hash(pubKey)
 msgAddr ← hash(pubKey, privKey)
 Supplier ← txAddrB, msgAddrB, E1  // E1: 发电量
```

```
Customer ← txAddrA, msgAddrA, T  //T: 能源通证
Mediator ← txAddrD, msgAddrD
procedure INJECTENERGY(E1)
b λ  ← SHA256(txAddrB||E1||Timestamp)
bz ← SHA256(b λ ||RndNum)  // E1由bz锁定
 msgAddrD.msg(b λ , bz) => msgAddrB
 msgAddrB.broadcast(E1, P1, txAddrB, msgAddrB)
 end procedure
procedure MATCH(E’, P’)  //量价匹配请求，其中E’为电量，P’为相应的价格
 if ∀tx ∈ blockchain: ∃b λ  then return True
 else return False
 end if
end procedure
procedure VALIDATE(txAddr,E’)   //对txAddr的发电量进行认定
 if ∀txAddr ∈ Addr, ∃b λ  |Eb λ  ≥ E’  then return True
 else return False
end if
end procedure
procedure GENERATETRX
 if txAddrA.match.validate(txAddrB, E1) then
   msgAddrSh ← genAddr(msgAddrB||msgAddrA)  //在能源产消者之间共享地址
   msgAddrSh.lock(bz) => msgAddrD
   txAddrB => multiSig.rScript(OP_m||txAddrD||txAddrB||txAddrA||OP_n||OP_CHEC||MULTISIG)
   msgAddrB.msg(multiSig.rScript) => msgAddrA
   txAddrA => rScript ← (multiSig.rScript)
   if nodisputes then
     multiSigTx ← txAddrA.Sign(rScript)
     txAddrA.broadcast(multiSigTx(T))  //Payment has been completed
   else
     (msgAddrB⊕msgAddrA).msg(multiSig.rScript⊕rScript) => msgAddrD
     sigScript ← txAddrD.Sign(multiSigTx(T’))
     msgAddrD.msg(sigScript) => msgAddrB, msgAddrA
     (txAddrA⊕ txAddrB).Sign(sigScript).broadcast()
has been completed
   end if
 end if
end procedure
procedure CHANGESECRETOWNER
 if multiSig(tx).confirmed() then
   msgAddrB.msg(b λ ) => msgAddrA
   msgAddrA.msg(b λ , unlock, update) => msgAddrD
   msgAddrD.msg(a λ , az) => msgAddrA
   end if
 end procedure
end procedure
```

对于大金额的电费结算，则采取两种支付结算方式：

（1）**通证支付**：如图 2-23 所示，将通证与法定货币进行价值锚定，1 个通证可在区块链平台上兑换 1 元人民币的相应电能，只有当用户向可信智能电表钱包充值法定货币后才会生成通证。如果用户将通证转为法定货币，通证将被销毁。通过通证在不同用户账户之间的转移，实现交易摩擦最小化。同时可信智能电表还要求用户存入一定的保证金。用户的对手方在用电后未能及时缴纳电费，则扣除相应保证金的部分余额。一旦保证金低于其最低限值，会向用户发出终止供电服务的通知，实时预付费加保证金的模式能防止电费坏账积累。

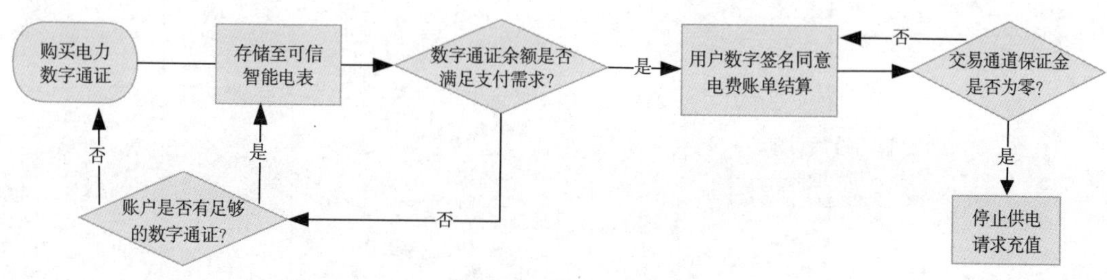

图 2-23　通证支付流程

（2）**法币支付**：如图 2-24 所示，首先用可信智能电表对耗电量进行实时抄表，然后用户基于智能合约进行电费核算，通过第三方 API 接口使用常规支付手段，如网银、支付宝等，与用户实名身份相锚定的现有资金账户进行电费支付，将结算后双方交易账户资金余额变动状态反馈至主链，最终完成链上记账。

2.6　结束语

本章研究了区块链技术在电力市场尤其是购售电方面的应用，包括电费结算与区块链技术的匹配度分析、区块链技术应用于电力市场交易结算、购售电智能合约的解决方案以及关键技术与方法。通过在由 4000 个节点构成的区块链网络中运行一个购售电智能合约实例，验证了交易的成功率约为 99.38%，每笔交易的平均确认时间约为 16 秒；针对传统智能电表的电力数据采集不准确、交易成本高、事后电费账单难追溯等问题，设计了一种新型的基于区块链技术的可信智能电表，同时给出了能源终端数据交互以及小额电费离链支付的方法。利用运行在区块链上的智能合约可以降低电力市场交易的信任成本，提高清结算效率，同时推动能源零售市场的智能化。如果得到应用，将帮助能源交易双方共同制定因需求而动态变化的能源价格，保证不同能源市场的互联互通，促进智慧能源价值互联。

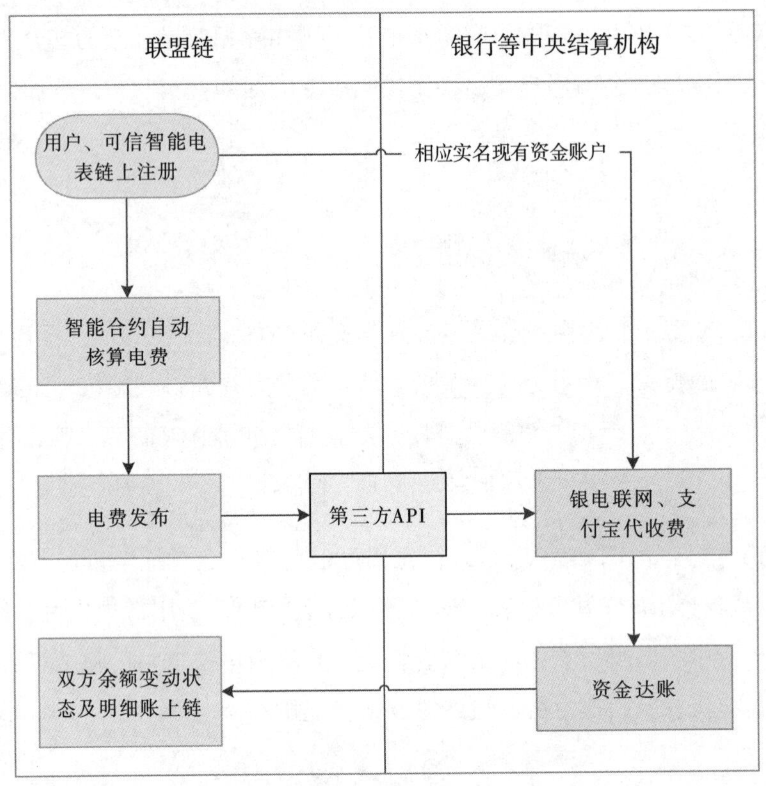

图 2-24　法币支付流程

今后的工作应聚焦于如何改善共识算法的效率、如何建立一套逻辑严密且可定制的智能合约，以适应电网结算业务流程规则复杂、结算合约类型多的特点。还要考虑当区块链上有异常行为发生时如何快速、有效熔断，以保护用户利益不被侵犯。只有在解决了高冗余数据的资源占用、共识的算力与时间耗费、政策与法律等问题之后，区块链技术才能在能源领域得到大规模应用。

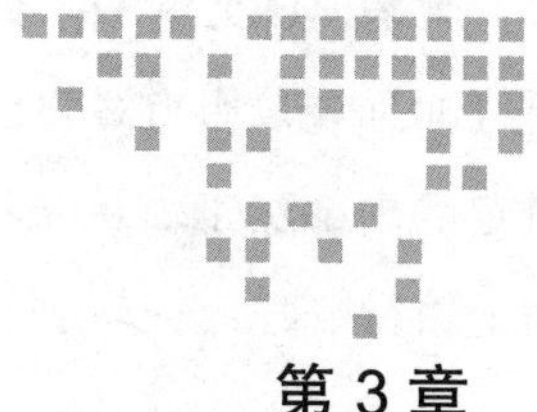

第 3 章 Chapter 3

企业红包记账系统

3.1 背景与现状

3.1.1 企业红包的优势与挑战

在互联网时代，电子红包悄然兴起。从 2014 年起，各大型互联网支付平台（如支付宝、微信、QQ 等）纷纷加入“红包大战”，最初是通过互联网活动向公众派发电子红包，作为一种企业营销行为来提高自身品牌影响力；随后灵活应用于熟人、亲友社交圈中，在重构人际关系的同时成为社群文化圈不可分割的一部分。

电子红包的本质是一种移动支付，具体解释就是：交易双方以手机为载体，通过移动通信网络来实现电子现金所有权的转移。我国使用手机支付的用户规模增长迅速，根据中国互联网络信息中心（CNNIC）的数据统计，截至 2018 年 6 月，我国手机支付用户达到 5.66 亿，短短半年就增长了 7.4 个百分点，在手机网民中的使用比例高达 71.9%。

企业红包（以下简称“红包”）作为目前最常见且涉及巨大现金流的电子红包种类，一直备受瞩目。它广义上是指企业为了提高知名度和扩大影响力，在各种社交或支付平台（如支付宝、微信、QQ 等）向不特定的公众发放红包；狭义上是指企业通过自有的即时通信软件（如远光软件 YGCC），将现金预付给第三方支付平台，通过第三方支付平台发放给特定的内部员工。员工在收到红包后，可以存在自己账户的钱包中，也可以直接提现至网上银行账户，或转至自己的支付宝、微信钱包。

现有的企业红包可以作为企业奖励手段，调动员工的工作积极性、活跃职场氛围，也可以与企业薪酬机制挂钩，用来传递企业对员工工作的满意度；其次，企业红包可以作为企业经营手段，在资源分配和风险管控上具有相当大的灵活性；最后，企业红包的隐秘性能够避免员工之间相互比较，达到人力资源的有效管理。

尽管企业红包具有以上诸多优势，但企业真正使用后在财务质量管控上面临一些挑战，例如：

（1）不确定与匿名的红包现金流会增加企业会计处理复杂度，审计证据与审计结果的可靠性受到威胁。企业红包若作为职工薪酬的一部分发放，需要根据员工岗位的不同进行相应的会计处理。在企业红包发放、充值及提现过程中如何取合法的会计原始凭证也是重要问题。

（2）交易信息传递低效、不完整、成本高。企业红包交易往往通过中介（银行、第三方支付平台）的方式进行，要经过开户行、对手行、央行甚至境外银行（代理行或本行境外分支机构），在此过程中每一个机构都有自己的财务系统，彼此之间需要建立代理关系，需要有授信额度，交叉审批手续复杂，交易历史追溯及查验耗时较长、成本较高。

（3）企业记账、审计成本高。在与企业红包业务平台对接的第三方支付平台（如支付宝）中，支付的账务处理与支付指令的处理不一定同步，资金交付和结算都可能存在延滞。信息不对称导致对账速度慢、审计流程烦琐，同时大量的资金沉淀也会产生高额手续费，增加财务审计成本。

（4）红包交易记录存在公正透明度、安全性、可信度危机。第三方支付平台是红包交易流程中不可或缺的中介，然其本质来源于民间自治的非金融机构，相比于央行及大型商业银行，权威性欠缺且监管机制不完善，数据可能丢失、审计证据的法律效力容易遭到质疑，存在一定的数据安全风险。

可以看出，企业红包在组织内部的应用对其资金流量的记账、审计，以及支付清结算的交易记录的准确性、安全性、实时性提出了更高要求。同时绑定银行卡的第三方支付平台，极大削弱了原来银行网银或手机银行有力的安全认证，对个人信息安全校验和金融风险提出了更高安全等级的要求。

3.1.2　企业级区块链平台的国内外发展现状

企业级区块链平台是开发企业红包应用的基础技术支撑。本节将对国内外企业级区块链平台的发展现状做一个总体。

1. 国外主流开源区块链底层平台分析

目前国外主流的开源区块链底层平台包括超级账本（Hyperledger）、以太坊（Ethereum）和 Corda。

2014 年 1 月，以太坊创始人 Vitalik 在美国佛罗里达州迈阿密举行的北美比特币会议上正式宣布了以太坊。同年 4 月，Gavin 发表了以太坊黄皮书，作为以太坊虚拟机的技术说明。以太坊是一个开源的区块链平台，由全球范围内的很多人共同创建。以太坊遵循简洁、通用、模块化、无歧视的设计原则，允许任何人创建去中心化的程序、自治组织和智能合约。以太坊的技术架构 [13] 如图 3-1 所示，最上层的是去中心化的分布式应用（DApp），它通过 Web3.js 和智能合约层进行数据交换。智能合约被事先写好并运行在以太坊虚拟机（EVM）上，并被远程过程调用协议（RPC）调用，这使得分布式应用的开发变得更加容易。以太坊的四大核心内容位于更底层，包括以太坊区块链数据结构、共识算法、矿工节点以及 P2P 网络。以太坊支持多种共识算法，包括工作量证明算法 Ethash（Dagger-Hashimoto 算法的改良版本）、基于保证金的经济激励共识协议 Casper。2018 年 8 月，微软云平台 Azure 在其以太坊区块链产品中引入了权威证明（PoA）算法。与工作量证明算法相比，权威证明算法基于区块链上已授权的身份或验证器，并且不需要竞争来完成共识。在这个架构中，除了 DApp 之外的部分都在以太坊的客户端上运行。目前两个最主流的客户端软件是 Geth 和 Parity。

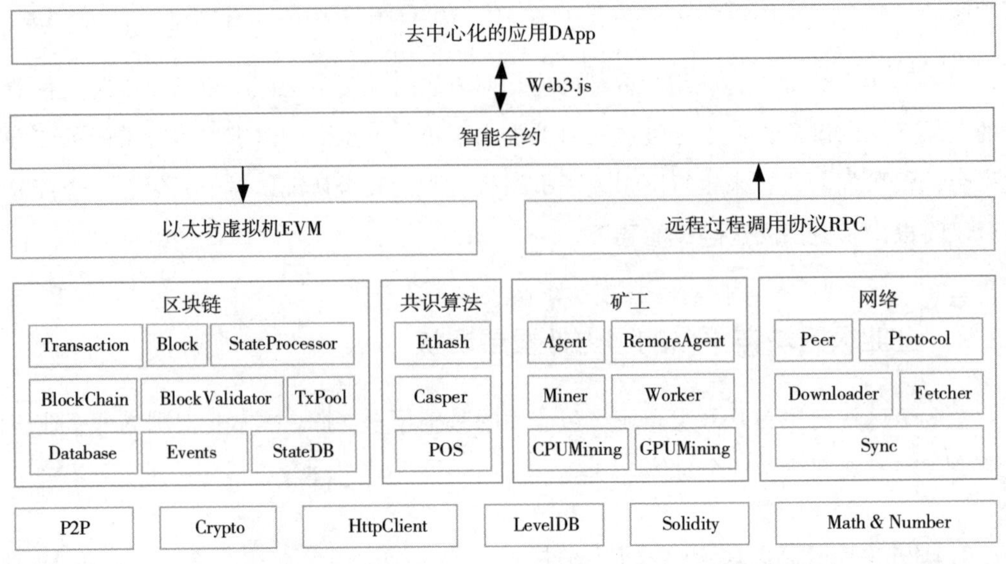

图 3-1　以太坊架构

以太坊交易的生命周期如下：

（1）client（可以使任意节点）提交一笔交易信息 tx，打包发送至 txpool，等待被验证，并打包至区块；

（2）区块链网络内的所有的记账全节点，分别从 txpool 里面获取一定时间内的交易信息，并根据以太坊的打包算法规则计算 blockhash；

（3）最先计算出符合复杂度以及规则的记账节点拥有这次记账权，并且生成合法区块，链接到整个区块链中，并广播区块信息至区块中，其他节点同步最新的区块。

2015 年 12 月，为了推进区块链技术和交易验证，Linux 基金会发起超级账本 Hyperledger 开源项目，并于 2016 年年初公布了创世成员名单，包括荷兰银行（ABN AMRO）、埃森哲（Accenture）、富士通（Fujitsu Limited）、intel、IBM 等涵盖了金融、物联网、供应链、制造和科技领域的十几个行业巨头。之后，Hyperledger 迅速发展，其成员数迅速突破百位，其中约 1/4 来自中国。Hyperledger 的目标是让成员通过相互合作共建开放平台，并在平台上开发能够满足多个不同行业各种用户需求的应用案例，形成标准组件，以此简化业务流程。Hyperledger 的设计初衷是希望出现众多区块链网络，使每个网络账本都能执行不同的业务。因此，Hyperledger是基于联盟链的交易网络，其显著特征是能够通过一个账本的交易，发现并利用另一账本中的当前交易与智能合约（链上代码chaincode），以此连接不同行业领域的区块链网络（联盟链），实现价值交换。Hyperledger的参考架构包括三大类：会员制、区块链服务及链上代码。其中会员制服务负责管理网络上的身份识别、隐私与机密。参与者通过注册来获取身份（包括不同链之间合约调用），有了符合的身份后属性授权机构才能发放密钥来进行交易。区块链服务负责管理分布式账本，通过超文本协议2.0建立点对点协议。数据结构经过优化能够有效维护众参与者重复的整体状态，不同的共识算法将嵌入到每一个配置中，可以保证高度一致性（通过拜占庭容错算法来处理错误，借助工作量证明方案来应对审查）。链上代码是一个去中心化的交易程序，在验证节点上执行；链上代码服务使用Docker来存储链上代码，而不需要依靠特定的虚拟机或者电脑语言。Docker为沙盒链上代码的执行提供了安全、轻便的方法，其环境是一个封锁又安全的容器。图3-2所示是Hyperledger Fabric的运行架构[14]，其中SDKs是Fabric提供的开发工具包，包括身份和权限等；membership是成员管理（新版本为CA节点）；peers包含背书节点、链码、交易执行节点、账本和状态；orderers是共识节点，对交易进行排序、验证，对交易信息进行共识，最后完成区块打包。

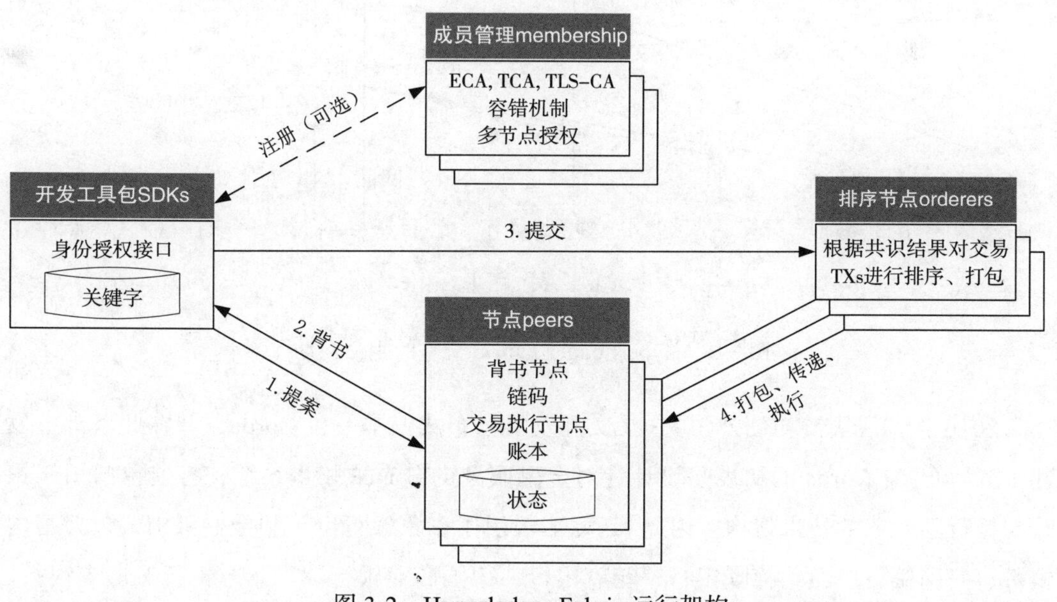

图3-2 Hyperledger Fabric运行架构

在 HyperLedger Fabric 中，一个交易的完整生命周期[15]（见图 3-3）为：首先由客户端创建链代码（Chaincode）并发送交易提案（Transaction Proposal）到背书节点（Endorsing Peer，为网络节点中指定的子集），背书节点执行链代码后基于读取和写入的关键字生成读写操作集并向客户端返回交易提案的响应结果（包含读写操作集）；然后，客户端收集背书节点的提案响应结果并提交到排序服务（Ordering Service）；随后排序服务将排完序的交易封装成区块并传递给交易执行节点（Committing Peer，可以是除了背书节点外的任一节点）；最后，执行验证背书策略（VSCC），检查交易背书的签名是否有效、背书数量是否足够、背书来源是否有效；执行交易读写集验证（MVCC），检查读操作的版本在数据库中是否未被修改；在区块中区交易分为有效交易和无效交易，把新区块更新至区块链，并将区块内的有效交易写入状态数据库；触发 Event 消息，让客户端可通过 SDK 侦听区分有效交易和无效交易。

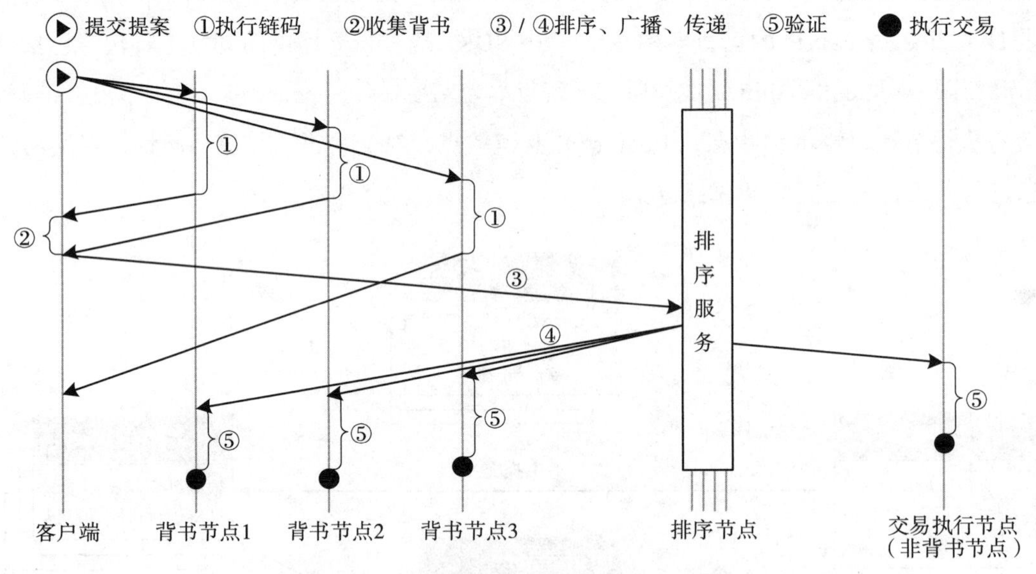

图 3-3　HyperLedger Fabric 交易的生命周期

2016 年，区块链初创公司 R3CEV 开发了分布式账本平台 Corda，并在此基础上发起了 R3 联盟。Corda 的初衷是设计针对金融服务的分布式账本系统，打造专门用于银行与银行间业务的技术架构，因此 R3 联盟吸引了多家银行巨头和金融机构，包括富国银行、美国银行、纽约梅隆银行、花旗银行、德国商业银行、德意志银行、汇丰银行、三菱 UFJ 金融集团、摩根士丹利、澳大利亚国民银行、加拿大皇家银行、瑞典北欧斯安银行（SEB）、法国兴业银行等。Corda 由 Java 和 Kotlin 开发，尽管 R3 声称 Corda 不是区块链，但它具备区块链的一些重要特性，比如智能合约、数据访问接口等。Corda 的关键特性在于：

（1）没有全局账本；

（2）交易的多重支付问题由公证人裁决；

（3）只有交易的参与者和公证人才能看到交易。

因此，Corda 的所有交易都不会向全网进行广播，而且所有的节点都是直接通信，没有 P2P 网络。这一点导致了其网络规模会被限制在一个较小的规模内，无法形成大规模的联盟链，适用的业务场景比较狭窄。

在区块链平台成熟度及设计思路表现方面，以太坊经过长时间的公链运行，一定程度上经历了外部攻击和实践检验，代码和测试的成熟度较高，其平台在软件质量和安全方面有较好的保证；Hyperledger 和 Corda 则在设计上开始便贴近商业需求，在满足合规和隐私方面、监控接入和架构设计方面有很巧妙的设计之处，同时在平台不断更新中会更好地满足实际商业需求。

在平台架构和应用设计方面，架构的发展还未进入成熟期，各个平台依然在实践过程中不断调整优化自身的架构。从应用场景来看，以太坊更适用于并发性不高，以公链为主的应用场景。Hyperledger 适合以联盟链形式开展的金融服务、供应链管理等企业应用。Corda 定位相对明确，更适合面向非公链、受监控的金融机构。

在信息共享和隐私保护方面，以太坊采用的状态旁路只从一定程度上保护了隐私性。以联盟链为设计初衷的 Hyperledger 和 Corda 将不同主体之间的交易数据进行隔离，形成多链的数据状态，而多链数据访问时系统设计会变得复杂。业内普遍认可的隐私解决方式，如零知识证明、同态加密等，大多基于较为复杂的密码学技术，目前还没有达到实际应用水平。因此在隐私保护和信息共享方面各平台还有很大的提升空间。

下面是国外主流开源区块链底层平台的对比分析，如表 3-1 所示。

表 3-1　国外主流开源区块链底层平台对比

分析维度		区块链开源平台		
		Hyperledger (Fabric)	Corda	Ethereum
架构能力	架构灵活性	松耦合设计，支持多通道结构	共识机制模块可插拔	图灵完备，通过EVM的智能合约实现状态转换
	节点分类	验证节点、非验证节点、授权的证书管理节点	普通节点、公证节点和管理节点，交易共识在公证节点达成	依据各节点资产的多寡分配相应的记账权重，让处于核心地位的记账节点得到更好的资源倾斜，以便合理地利用计算资源
核心技术组件	共识机制	可插入式算法，用户可自行选择，一般为PBFT	一般为PBFT	正从PoW共识机制走向PoS共识机制
	通信技术	运用Google RPC协议，能与现有的网络基础设施结合	通信协议基于AMQP/1.0，采用TLS作为加密协议，并内嵌了一个支持AMQP/1.0的全功能的消息中间件，适合嵌入式应用	客户端P2P协议是一个标准的加密货币协议，能够被其他加密货币使用
	存储	采用状态快照节约硬盘空间	支持标准JPA规范，内置H2数据库	采用状态快照节约硬盘空间
	计算效率	交易可被并行验证以提高计算效率	交易可被并行验证以提高计算效率	交易可被并行验证以提高计算效率
	数据结构	均由区块头和区块体组成	没有“区块”的概念	由区块头和区块体组成
应用功能	智能合约	支持	支持	支持
	身份认证	数字证书的身份认证形式	数字证书的身份认证形式	匿名身份认证体系，对线上线下的身份匹配无强制要求
	账户设计	没有代币概念，但可以通过链代码实现本币发行和账户功能	没有余额概念，所有余额均通过UTXO计算得出	余额账户机制
	监管	支持监管接入	支持监管接入	支持监管接入
	特权机制	可“隐性”实现暂停、回滚或取消交易以及改正数据	可“隐性”实现暂停、回滚或取消交易以及改正数据	可“隐性”实现暂停、回滚或取消交易以及改正数据
技术能力	交易吞吐量	在PBFT共识机制下，吞吐量可达到1000TPS或更高	延迟程度跟交易复杂程度正相关	真实应用程序负载下的交易可能会被限制到10TPS或者更低

（续）

分析维度		区块链开源平台		
		Hyperledger (Fabric)	Corda	Ethereum
技术能力	确认时间	默认一个交易出一个块，也支持多个交易一个块	可以对每一笔交易实时达成共识	每 12 秒左右才能够提交一个新的区块，确认时间也是在 12 秒左右
	可用性	拜占庭容错机制牺牲了一定的灵活性和可用性	没有全局账本，每个节点须自行存储交易数据，自行解决网络级、系统级、应用级、数据级的容灾备份问题	较高的灵活性和可用性
安全机制	加密算法	非对称加密算法生成公私钥	非对称加密算法生成公私钥	非对称加密算法生成公私钥
	防双花	运用了状态版本的概念	基于公证人进行交易确认	采用了余额机制
	隐私保护	利用多通道的机制保护隐私性	主要采用了 Tear-off 技术和复合签名技术两项隐私保护技术	使用“状态旁路”方案，但只能达到部分保护效果
平台适用性	平台适用性	适用于联盟链，可广泛应用于跨行业场景，适用于金融服务、供应链管理、智能制造、文化娱乐、医疗健康、社会公益、教育就业等领域	聚焦于分布式账本技术在金融领域的应用，定位为面向非公有链的场景	不仅适用于公链场景，也可以用于部署联盟链或私有链，适用于金融、物联网、供应链管理、社交网络、去中心化自治组织 (DAO)、预测市场等领域
开发及工具	编程语言	核心代码主要由 Go 编写，智能合约可以用 Go、NodeJS、Java 语言编写	主要由 Java 和 Kotlin 开发，合约以及分布式应用可以基于 JVM 上的任何语言来开发	客户端主要通过 Go、C++ 和 Python 语言编写，再通过编译器转成 EVM 语言。合约编程支持四种语言，其中首选语言 Solidity 具有图灵完备的特性
	开发工具	在 Github 上开源，并提供若干 SDK 工具包、技术文档和开发工具；Composer 子项目提供了 NodeJS 合约开发的基本框架	在 Github 上开源，并为应用开发提供了开发模板	仅次于比特币的社区，配套中英文技术文档及专门的技术问答网站，微软的 Visual Studio 集成开发环境中也集成了编写 Ethereum 智能合约的 Solidity 语言
	接口完备程度	提供了一套可灵活扩展的 API 接口，其每个模块都定义了相应的 API 接口，因此这些模块可以实现“即插即用”	在流式架构设计中，给出了对流程的实时监控和展示接口，同时预留了 SQL 接口	通过 RPC 与其他 IT 系统交互，JSON RPC API 可以执行 Web3 库的各种命令，向前端提供区块链信息

（续）

分析维度		区块链开源平台		
		Hyperledger (Fabric)	Corda	Ethereum
开发及工具	智能合约可编辑性	理论上可以用任何语言来编写，但采用 Docker 的智能合约架构有一定限制	可以使用任何与 JVM 兼容的语言来开发	用户可以在 Ethereum 的平台上创建包含任意逻辑的合约
平台生态	运维部署平台	Cello 子项目提供了区块链部署的基本能力，同时提供了监控、健康分析、日志等运维日常功能	公链无此功能	—
	平台测试工具	Caplier 子项目提供了平台和合约性能测试的基本框架和生成报告的基本能力	有简单的冒烟测试	—
维护支持能力	版本升级	比较平稳	比较平稳	比较平稳
	维护和保障	由 Linux 基金会发起创建的开源区块链分布式账本，联盟主要成员来自大型金融机构、大型 IT 企业、大型咨询机构等不同的利益体，具备强大的资金和技术能力	由 R3 CEV 联盟组织开发，其成员主要来自于全球知名的金融机构，并于 2017 年 7 月宣布进行 1 亿美元以上的融资	主要由 Ethereum 基金会来负责运行，且有明确规划
	开发者社区	截至 2019 年 3 月拥有 Meetup 成员 56 965 人	开发者数量相对较少	截至 2019 年 3 月拥有 Meetup 成员 1 204 014 人，领先于其他社区

综上比较，以太坊和 Hyperledger Fabric 的适用场景有很大差别。以太坊的公链平台主要面向智能合约，为智能合约的运行提供公链环境，适用于构建去中心化的分布式应用（DApp）。同时，以太坊也可用于构建许可链（联盟链和私有链），用于处理某些组织之间或某个组织内部的业务；Hyperledger Fabric 针对企业级区块链应用场景，可达到较高的交易吞吐量。由于使用了多通道对交易进行了隔离，在共识效率和隐私保护方面相比公链都有大幅提升，可同时解决私密性和可靠性问题。因此，从国外开源区块链平台技术发展和应用情况来看，结合适用场景和技术指标对比，我们认为企业级区块链应用平台的底层框架可以选用以太坊许可链（联盟链和私有链）或者 Hyperledger Fabric。

2. 国内典型企业级区块链平台

国内典型企业级区块链平台如图 3-4 所示。

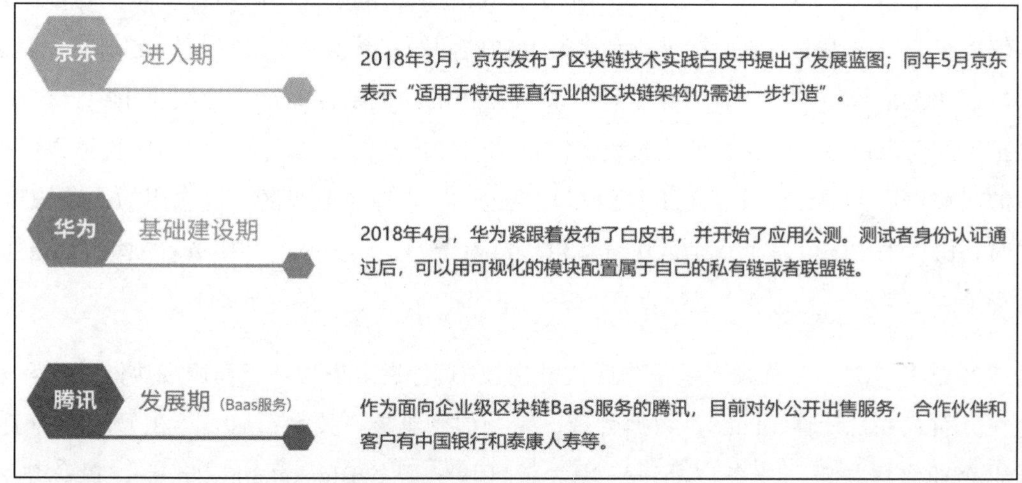

图 3-4　国内典型企业级区块链平台

2017 年 4 月，腾讯发布了《腾讯区块链方案白皮书》，在自主创新的基础上提供企业级区块链服务，即“腾讯区块链”解决方案。基于“开放分享”的理念，腾讯为行业伙伴提供企业级区块链基础设施、行业解决方案，以及安全、可靠、灵活的区块链云服务，并开放内部能力与全国企业共享，共同推动可信互联网的发展，打造区块链的共赢生态。腾讯可信区块链定位于打造领先的企业级区块链平台，其整体架构分成区块链底层、平台产品服务层和应用服务层 3 个层次㊀：区块链底层是由腾讯自主研发的 Trust SQL 平台，它通过 SQL 和 API 接口为上层应用场景提供区块链的基础服务功能。中间层是 Trust Platform 平台产品服务层，在 Trust SQL 底层之上构建包括共享账本、鉴证服务、共享经济、数字资产等多个领域的可扩展区块链应用基础产品服务，通过集成相关领域基础产品的功能，帮助企业快速搭建上层的区块链应用场景。应用服务层 Trust Application 向终端用户提供可信、安全、易用的区块链应用，与行业合作伙伴及其技术供应商共同探索区块链发展方向，共同推动区块链应用场景落地。

㊀ 参见 2017 年 4 月腾讯 FiT、腾讯研究院联合发布的《腾讯区块链方案白皮书》。

2018年3月，京东发布《京东区块链技术实践白皮书》，指出京东区块链的发展蓝图，表明京东区块链的目标是打造面向企业级应用的区块链基础设施，为企业提供能够切实解决业务痛点的区块链技术方案。京东区块链的总体架构分为区块链协议、组件框架、服务平台3个部分[1]。首先，京东区块链聚焦区块链协议，采用自顶而下的设计方法解决企业级应用中的数据标准化和多链互通的问题；其次，京东区块链定义了一个通用的区块链系统组件模型，采用松耦合和可插拔的功能组件满足企业级应用中自定义、可扩展的需求；最后，在标准化区块链协议和组件模型的基础之上，京东区块链提供具体的区块链服务平台以及相关工具包和开发包，以支撑企业级区块链应用的快速构建。同时，白皮书中还分享了京东区块链在供应链、金融、政务及公共服务等领域的主要应用场景。

2018年4月，华为发布《华为区块链白皮书》，指出华为基于开源区块链技术和华为在分布式并行计算、PaaS、数据管理、安全加密等核心技术领域多年积累的基础上，推出企业级区块链云服务产品——华为云区块链服务Blockchain Service，简称华为BCS[2]。白皮书指出，华为BCS包括4层2列：底层是区块链资源层，包括可无限扩展的存储、高速网络、按需购买弹性伸缩和故障自动恢复的节点等区块链资源，是整个区块链系统的基础支撑；第二层是具备可靠性和可扩展性的区块链服务平台，为上层应用提供低成本、高安全、高性能的企业级区块链系统，并将根据市场需求逐步支持Corda和EEA等优秀区块链框架；合约层在区块链服务平台的基础上提供Hyperledger标准智能合约接口，用户可以根据不同应用场景构建不同的智能合约，如供应链管理、供应链金融、数字资产、慈善公益和互联网保险等，或者与合作伙伴共同打造通用的智能合约库，并在此基础上快速构建区块链应用场景；最上层是业务应用层，为终端用户提供可信、安全、快捷的区块链应用。用户可以使用华为云提供的包括供应链金融、游戏、供应链溯源、新能源行业解决方案等各种区块链解决方案，结合智能合约快速搭建区块链应用。2列分别是软件开发云和华为云安全。通过软件开发云，用户可以实现业务应用、智能合约从开发、测试到部署的全系列流程；华为云安全可以为区块链节点、账本、智能合约以及上层应用提供全方位的安全保障，保证联盟链节点的可控性和账本的安全性。

---

[1] 参见2018年3月发布的《京东区块链技术实践白皮书》。

[2] 参见2018年4月发布的《华为区块链白皮书》。

典型区块链平台发展路线如图 3-5 所示。

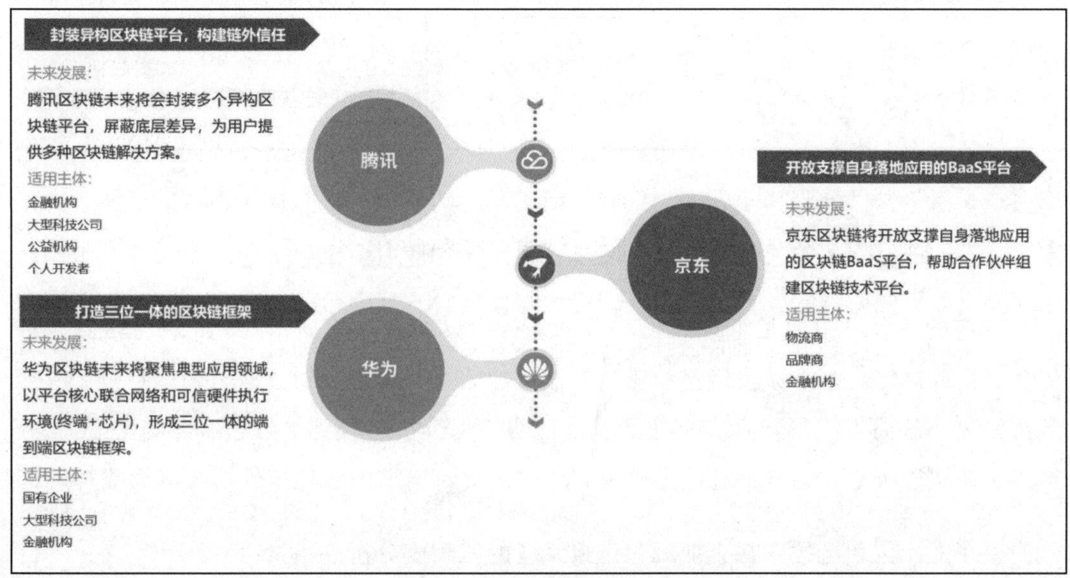

图 3-5　典型平台的发展路线

国内典型企业级区块链平台对比分析如表 3-2 所示。

表 3-2　国内典型企业级区块链平台对比

分析维度	华为	京东	腾讯	趣链[⊖]
交易并发	万级 TPS（2000+）	—	万级 TPS	万级 TPS
交易速度	秒级	—	秒级	秒级
共识算法	Kafka/FBFT	优化的 BFT	改进的 PBFT	RBFT
数据存储	SFS	NoSQL 数据库	文件存储、文件系统	动态数据归档
安全保障	华为云安全保护、证书管理、硬件保护密钥、同态加密和零知识证明	可插拔密码算法、支持国密和硬件加密设备	非对称加密数字签名、用户隐私与交易保密、密钥管理体系	多级加密机制
是否开源	否	否	否	否
是否自主研发	基于 Hyperledger 改进	基于 Hyperledger 改进	自主研发	基于 Hyperledger 改进

⊖ 参见《趣链科技产品白皮书》，网址为 https://upload.hyperchain.cn。

（续）

分析维度	华为	京东	腾讯	趣链
突出特性	云安全、硬件安全保障	采用通用事件驱动模型框架	通过SQL和API的接口为上层应用场景提供区块链基础服务的功能	数据归档、改进的高性能合约引擎

3.2 区块链与企业红包记账系统的匹配度分析

传统的审计，主要是审计人员对数据进行拷贝并进行数据预处理，易造成数据缺失、丢失或损坏。电子数据经过缜密的非法修改之后，企业很难发现其修改痕迹，甚至无法恢复，从而不能得到真实有效的审计证明。每个员工收到的红包金额与薪酬一样，属于企业核心机密，一旦中心数据被黑客攻击，会对组织内部稳定性造成巨大威胁。

基于此，区块链技术在企业红包记账系统的匹配度分析如下：

（1）利用区块链分布式存储结构可以实现红包交易数据实时获取、处理和存储。将企业即时消息业务平台与财务处理系统互联，用户的企业红包行为中的每一笔交易数据实时传输到区块链网络上，上传的交易数据经过全网节点的批准，存储到区块链上，实时记账交易。

（2）通过许可链来完成节点准入机制，可以实现数据跨部门的限制性安全共享。根据登录角色的不同，分配不同的登录权限，只有通过公钥和私钥的验证，登录员工或部门才能有权浏览相关权限下的信息。

（3）可以在区块链上实现事前资金预付、事中清结算交易、事后用户资金管理与交易记录管理等业务的智能合约编写。智能合约能够将发红包、抢红包、收红包、红包消费等交易以代码形式结构化，控制复杂的资金流向，从而实现自动审计。

（4）利用区块链技术可以构建法币结算、积分消费双重支付生态系统。法币可以用来红包发放、充值、提现，而余额可以转换成一定比例的积分，员工用积分在组织内部商城消费，节省内外转账的手续费，账目清晰明了。

3.3 企业红包记账系统的方案设计

3.3.1 业务设计

企业红包记账系统在实施红包发放、充值、提现等业务的同时，允许企业发行内部流通的虚拟积分，用于自有商城消费。将交易记录存储于区块链上，进而提升内部企业红包系统间对账效率，并从底层有效保护企业用户资金安全。

企业红包交易主体是所有企业用户，这些用户均需要提前在许可链平台完成会员制注册，并获取公钥、私钥后，允许开展企业红包交易。企业红包系统需要与第三方支付平台（如支付宝）或银行对接（见图 3-6）。例如，可以通过支付宝 API 接口，借助蚂蚁金服开放平台为企业用户管理收付款红包资产。企业红包记账系统的整体业务流程如下：

（1）通过企业实名认证的员工在企业红包应用上完成注册，自动生成区块链 ID 和公、私钥；

（2）员工通过企业红包应用购买 / 获取积分，并通过区块链钱包查询积分余额；

（3）员工通过企业红包应用发出一对一或一对多红包，区块链在后台自动完成交易记账；

（4）每隔一段时间更新一次区块链账本，员工在此周期后通过区块链钱包查询通过共识确认的积分余额；

（5）员工可在企业商城中消费积分，区块链在后台自动完成交易记账；

（6）智能合约根据员工的消费情况，利用事先写入的规则进行信用评分，并对异常交易进行审计预警；

（7）员工可通过企业红包应用查询自己的历史交易记录、积分变动记录和信用分，接收异常交易预警推送。

通过智能合约记录法币与虚拟积分的价值互换，用户间的红包往来使用虚拟积分实时结算，账户中的虚拟积分余额实时更新；用户在充值、提现时，经由红包系统向第三方支付平台或银行发出支付指令，并在区块链上实时记账并自动结算。

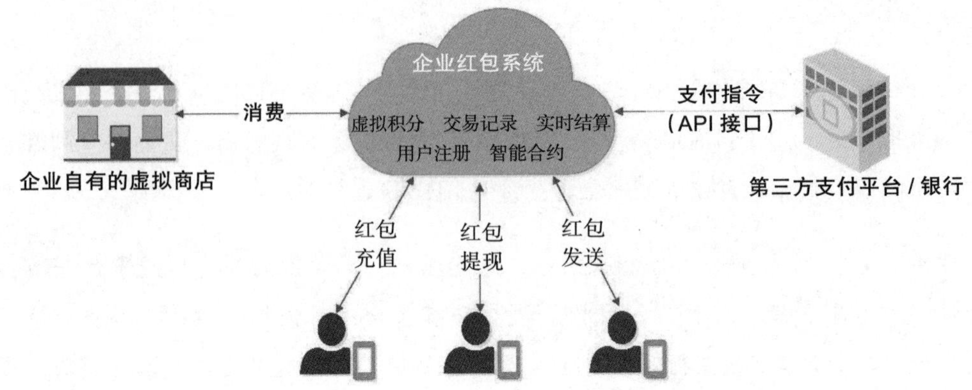

图 3-6 企业红包记账系统的业务模型

考虑到在区块链技术下企业红包的交易吞吐量和交易响应时间要求，采用红包信息系统和区块链记账系统并行的方式部署企业红包系统。仅将和区块链相关的业务放入区块链服务，而一般工作流则在信息系统完成。具体如图 3-7 所示。

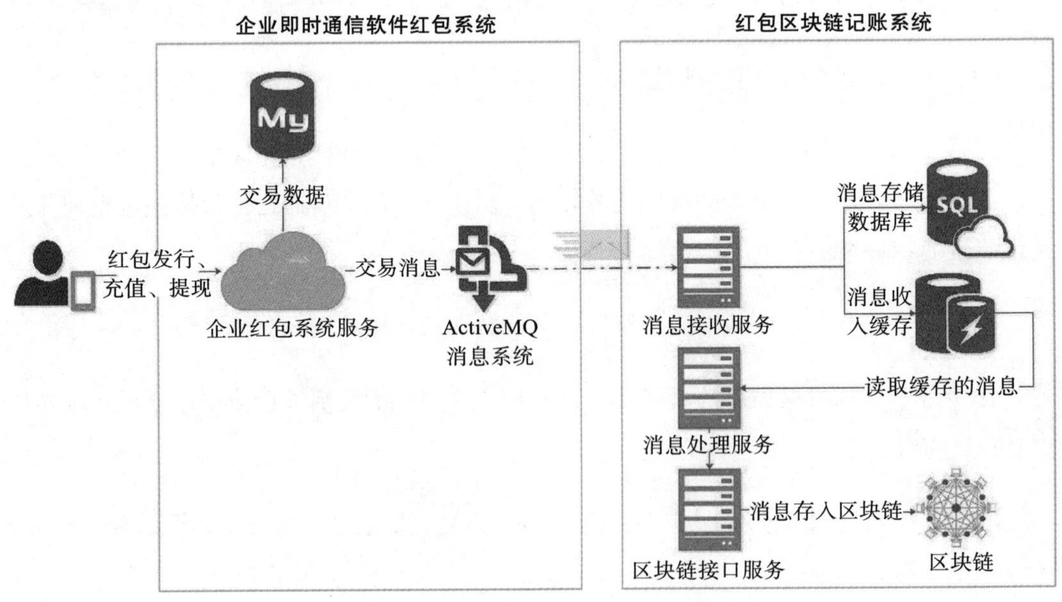

图 3-7 企业红包记账系统的结构

承载价值的即时消息最终通过“区块链接口服务”存储至区块链上。区块链网络上的每一个节点都保存着过去所有的交易数据，并且是在授权下公开透明，相关利益方通过授权机制保护下浏览关于自己权限内的交易数据，并且区块链上存储的数据是不可篡改的。

区块链提供了一种去中心化的、无须信任积累的信用建立方式，在这种范式下，公司员工可以通过区块链加入一个公开透明的数据库，通过点对点的记账、数据价值传输、认证或是智能合约，而不需要借助任何一个中间方来达成信用共识，进而构建一个自信任的企业红包交易环境。利用区块链进行企业红包记账能达到的效果有：

（1）**提高企业红包资金流水审计效率，缩短财务对账时间。**传统的集团审计往往滞后于红包交易的发生，对审计部门而言，繁重的审计工作量也导致审计时间周期漫长。而区块链模式下，所有红包资金的流入流出都自动记账，并且核心审计工作前置于各分公司，审计规则分布在各分公司自动执行，在区块链“交易即结算”的同时提前开始审计工作，以此实现实时审计，提高其时效。数据一旦上链，便不可篡改，交易记录的绝对真实，极大缩短了财务对账时间。

（2）**根源性固化会计凭证，降低财务信息真伪辨别成本。**企业红包交易从发起、共识、结算到保全等整个生命周期的数据以密码学方式被打包放入区块中，同时所有公私钥均由企业集团产生，财务数据真实透明、不可篡改，会计凭证真实性、合规性获得高度保证，减少审计结果偏离的可能性。

（3）**保障记账凭证的完整性，降低审计检查风险。**在区块链模式下，任何红包交易数据的变更同步至所有参与记账节点的本地存储账本，即使某一区块遭受故障和攻击，也不会发生数据丢失、无法恢复的情况，因此保障了审计数据的完整性，减少审计人员漏报的可能性。

（4）**授权式数据跨部门、跨分公司安全共享，提升获取审计证据的工作效率。**基于会员许可方式，区块链网络上拥有对应密钥的节点都可以查询整个区块链上的数据记录，包括红包发送金额、发送对象、积分余额、积分消费明细等信息。通过“时间戳”可以知道交易何时发生、信息何时写入，数据不间断地按时序排列帮助审计人员追根溯源、一笔笔验证，精准分析财务数据是否被篡改，降低了审计调查取证的难度。

（5）**利用智能合约的预置规则，实现自动、实时审计预警。**受益于区块链自动备份账簿副本的特点，区块链技术对更改数据等异常情况的判断是自动化处理的，达到了真正的实时监督效果，并消除了信息不对称造成的风险。

3.3.2 架构设计

企业红包记账系统的目的是在企业内部建立许可链，帮助企业对电子红包发放、充值、提现等交易产生的资金流水进行记账、自动审计，提高企业审计工作效率和公信力。考虑到企业红包的业务需求，其技术架构可以分为四层：数据层、技术层、服务层和应用层，如图 3-8 所示。

图 3-8 区块链基础架构

（1）**数据层**：对企业红包的交易队列进行打包形成数据区块，并在当前数据区块头中加盖时间戳，表明区块数据的写入时间，将区块按时序链接到当前最长的区块链上，形成最新的区块。

（2）**技术层**：搭建企业级区块链分布式账本，用于记录经过共识确认后的交易数据。数据层和技术层包括以下几个模块：

- **接收模块**：用于接收与存储交易信息；
- **处理模块**：用于获取交易信息中的时间戳、金额、对象等；
- **确定模块**：用于根据共识协议、时间戳、前一区块的发布时刻，以及节点共同验证的结果，来确定该区块的有效性。

（3）**服务层**：为企业员工和各部门、分公司提供会员制服务，针对企业红包定制个性化的 BaaS（Blockchain as a Service）服务，在区块链底层平台上撰写发红包、抢红包、收红包、红包消费、余额查询、信用评分、审计预警等智能合约代码。

（4）**应用层**：在应用层通过调用区块链智能合约服务实现企业红包的各项功能。

数据在区块化时，由区块头和区块体组成，区块头封装了父区块（前一区块）的哈希值、时间戳、随机数，以及当前区块的目标哈希值和 Merkle 根，而区块体则包括所有红包交易和积分消费的记录，并通过哈希值数生成相应的密钥阵列，再经过“挖矿”记入区块头，具体区块结构如图 3-9 所示。

3.3.3 接口设计

具体来说，企业红包记账系统在 BaaS 服务层提供以下区块链基础 API 接口，以实现技术方案目标：

（1）注册区块链用户接口。

- 功能：用于新用户注册区块链。对于业务系统注册账号分三个不同的角色，即普通用户、记账节点用户、管理员用户。

- ❑ 输入：账户名称（用于登录系统的 ID）。
- ❑ 输出：账户地址（注册用户在区块链上的地址，用于用户之间传输信息）、账户公私钥（普通用户的公私钥分别用于用户证件信息的加解密，记账节点用户的公私钥用于数字签名验证，管理员用户的公私钥用于权限分配和信息加解密）。

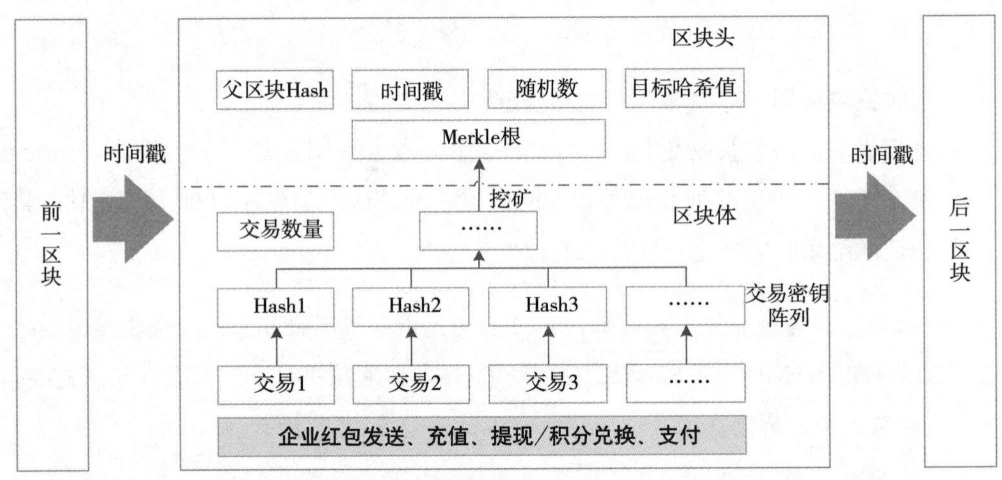

图 3-9　区块结构

（2）发送交易信息接口。

- ❑ 功能：用于发送一笔交易。
- ❑ 输入：发送方地址、接收方地址、交易信息，如表 3-3 所示。
- ❑ 输出：该笔交易的 Hash 值（交易信息地址唯一标识）、区块编号（交易信息地址唯一标识）。

表 3-3　发送方地址、接收方地址、交易信息相关参数

参数名	类　型	备　注
amount	int64	转账金额
coin_name	string	币种名称
from	bytes	发送方地址
to	bytes	接收方地址
msg_type	int	消息类型
userID	bytes	调用者地址
oprID	int64	操作编号

（3）查询交易信息接口。

- 功能：用于查询某用户的所有交易信息。
- 输入：查验用户的区块链地址、被查验用户的区块链地址（需要查验用户公钥加密），如表3-4所示。
- 输出：被查验用户所有交易的Hash值（交易信息地址唯一标识）、记录交易信息的区块编号（交易信息地址唯一标识）。

表3-4　查验/被查验用户的区块链地址相关参数

参数名	类　型	备　注
addr	bytes	被查验用户的地址
msg_type	int	消息类型
userID	bytes	调用者地址

（4）查询用户公钥接口。

- 功能：根据区块链交易地址查询对应的公钥信息，用于普通用户同步账户的时候需要获取制证单位用户的公钥信息来验证制证信息的数字签名。
- 输入：地址信息。
- 输出：公钥信息。

（5）查询钱包信息接口。

- 功能：根据用户地址查询钱包信息。
- 输入：用户区块链交易地址（指定查找的交易地址）、记录交易信息的区块数（指定查找的区块）、交易Hash值（指定查找的交易）。
- 输出：用户钱包代码、余额信息（获取账户具体信息）。

（6）获取交易列表接口：

- 功能：获取某个用户的所有交易列表。
- 输入：用户地址、币种名称，如表3-5所示。

表 3-5　用户地址、币种名称相关参数

参数名	类型	值	备注
user_addr	String	""	用户地址
coin_name	String	" YGCOIN "	币种名称
page	int	1	页数
pagesize	int	20	每页条数

❑ 输出：交易列表、余额，如表 3-6 所示。

表 3-6　交易列表、余额相关参数

参数名	类型	备注
Tx_list	Array[json]	交易列表数组
count	string	数据总条数
balance	String	实时余额
code	int	响应码
Msg	String	响应信息

其中交易列表 Tx_list 包含如表 3-7 所示参数。

表 3-7　Tx_list 包含的参数

参数名	类型	备注
user_addr	String	用户地址
hash	String	交易 hash
from	bytes	发送方地址
to	bytes	接收方地址
amount	int64	交易金额
coin_name	string	币种名称
timestamp	String	转账时间戳
Tx_date	String	日期
Tx_time	String	时间

（7）获取好友列表接口。

❑ 功能：获取某个用户的所有好友列表。

- 输入：获取好友列表请求。
- 输出：好友地址列表、调用者地址，如表 3-8 所示。

表 3-8　好友地址列表、调用者地址相关参数

参数名	类型	值	备注
userID	bytes	""	调用者地址
page	int	1	页数
pagesize	int	20	每页条数
friend_addr	string	""	好友地址

（8）查询区块链数据接口。

- 功能：查询区块链数据。如请求者签名参数符合协议权限，则返回查询结果，否则输出错误提示信息。
- 输入：查询区块链数据的请求、协议号、请求方法及请求者签名参数，如表 3-9 所示。
- 输出：查询结果、协议号、错误提示信息，如表 3-10 所示。

表 3-9　查询区块链数据的请求、协议号、请求方法及请求者签名相关参数

参数名	类型	值	备注
jsonrpc	string	"2.0"	协议号
method	string	"tmsp_query"	请求方法
params	Array[string]	[sign]	把签名参数封装在数组中

表 3-10　查询结果、协议号、错误提示信息相关参数

参数名	类型	值	备注
jsonrpc	string	"2.0"	协议号
id	string	""	无效标识
result	Array[json]	[]	查询结果
error	string	""	错误信息

3.3.4 实施方案

1. 用户实名身份认证阶段

区块链用户通过一个对等节点连接到网络上。在处理交易之前，节点从组织可信身份数据库（如人力资源信息管理系统）检索用户的注册信息和个人关键身份信息（如职员编号、姓名、身份 ID 信息），核验合格后通过哈希算法生成唯一的个人区块链 ID。用户拥有这些身份证明才能在授权网络上进行交易。因此，需要企业的即时通信软件和后台管理系统实时交互。对于业务系统注册账号可以分多个类别角色：普通员工用户、各部门用户、分公司用户。

这里的哈希算法采用双 SHA256 哈希函数运算，即将任意长度的原始数据经过两次 SHA256 哈希运算后转换为长度为 256 位（32 字节）的二进制数字来统一存储和识别。

区块链平台为每个用户生成公钥和私钥。用户可以通过私钥加密登录信息后并将之发送给服务器后，后者接收后采用该用户的公钥解密并认证登录信息。公钥公开，私钥本地文件保存，身份认证完成，如图 3-10 所示。

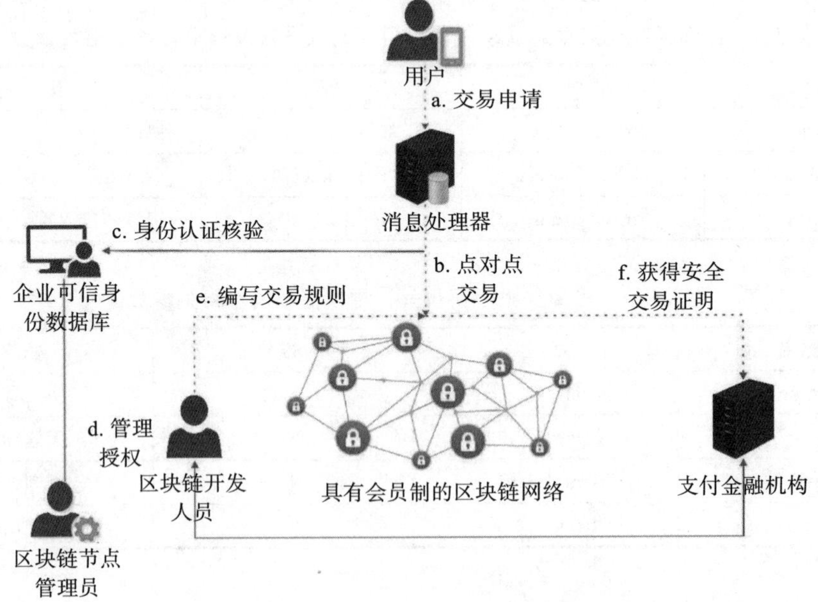

图 3-10 区块链网络用户身份认证流程图

2. 法币与积分代币的等价值兑换阶段

区块链系统发放一种企业内部流通的、数量有限的“积分（token)”，它是无交易摩擦的数字通证。红包系统利用以太坊智能合约和第三方支付，将预存现金按固定的比例兑换成积分，例如：1 积分 =1 法币。用户通过企业即时通信 App 购买积分，并进行收发红包操作，如图 3-11 所示。

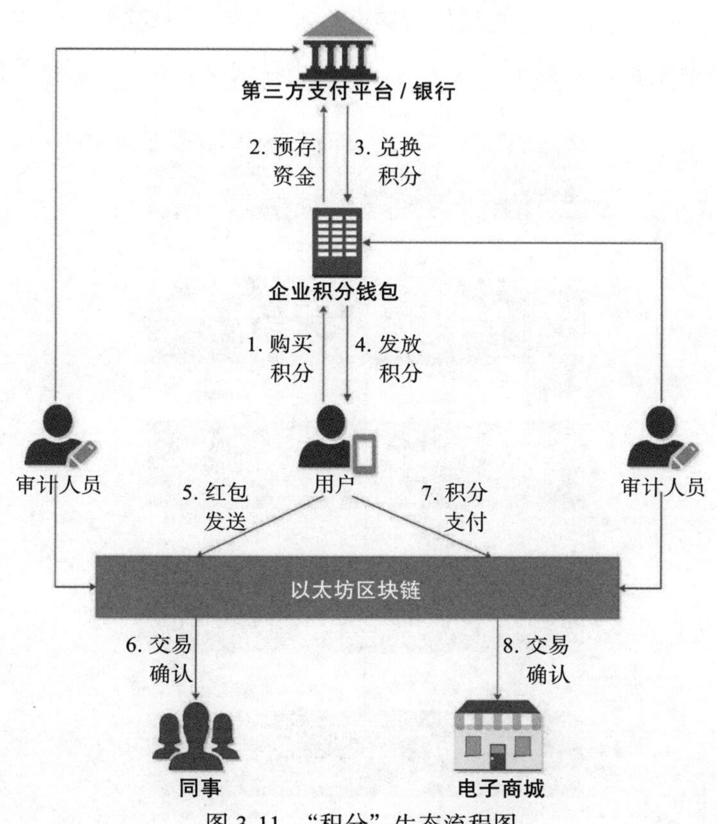

图 3-11　“积分”生态流程图

3. 红包发送、充值、提现交易与积分消费交易记账阶段

区块链网络中包含多个记账节点，如图 3-12 所示，每个节点包括以下模块：

（1）**记账信息数据库**：用于存储节点自身的交易记录。

（2）**交易区块链数据库**：用于存储交易区块链。

（3）**交易信息摘要生成模块**：信息摘要仅记录根 Hash 值而不是所有交易数据记录，支持简要支付验证（SPV），即在不运行完整区块链网络节点的情况下，也能快速进行红包交易动作并检验其有效性。

（4）**查询记账信息模块**：该模块主要帮助审计部门或有查询需求的用户查询和核实在交易区块链数据库中是否存在某个交易记录 Tx，具体方法是：将记账节点提供的交易记录经过 Merkle 树运算得到交易信息摘要，若“交易信息摘要生成模块”中的对应信息摘要与该解密后的摘要完全一致，则证明该交易记录为真实，否则为假。

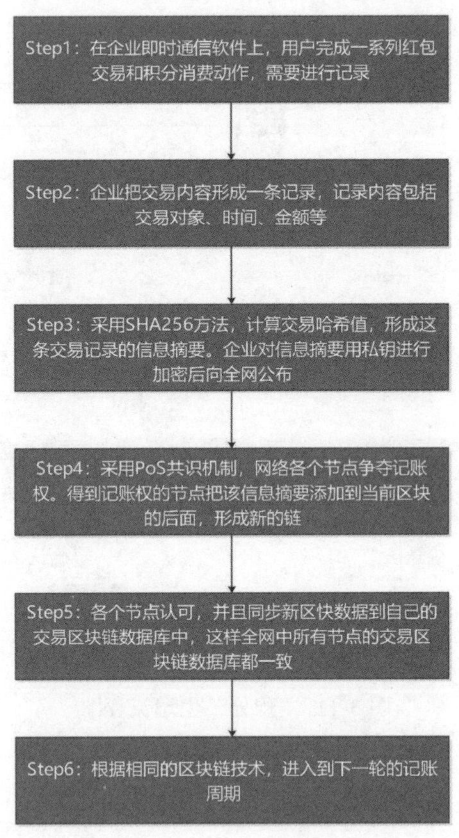

图 3-12　区块链企业红包交易记账基本过程

4. 用户红包收支明细查询、积分消费明细查询、积分余额查询阶段

普通节点用户自身的详细交易记录和资金流水账可以在“记账信息数据库”中读

取。若记账节点需要查询第三方交易记录，则在“交易区块链数据库”中检索。区块链管理节点负责分配成员权限，例如将财务审计部门注册为“审计者”，将用户注册为“客户端”。审计员拥有较高查询权限，而客户端被授权部署、调用和查询某些特定类型的链码。

5. 自动审计、审计预警阶段

将审计规则代码化，编写为审计智能合约。区块链记录交易的同时，触发审计规则判断交易合法性，对异常和发生冲突（双花）的交易进行报警，实现“记账即审计”。审计过程无需人工干预，可利用计算机语言实现自动监管。

区块链能够帮助企业提高红包资金流水的审计效率，还能优化审计预警机制，增强记账系统的公信力。传统审计预警机制是依赖于内置在审计数据采集模块中的事件触发器，逻辑流程是：数据记录→事件触发→发送提醒→等待处理。然而，企业被动地等待异常交易的出现耗时长、成本高，区块链技术能够对数据丢失、更改、销毁等异常情况自动判断和处理，进而实现审计的高效无偏差监督，如图 3-13 所示。由于每个记账节点的账簿都是实时同步更新的，审计人员可以利用审计终端直接访问区块链上记录的信息，实现了脱离审计数据采集模块的远程审计。

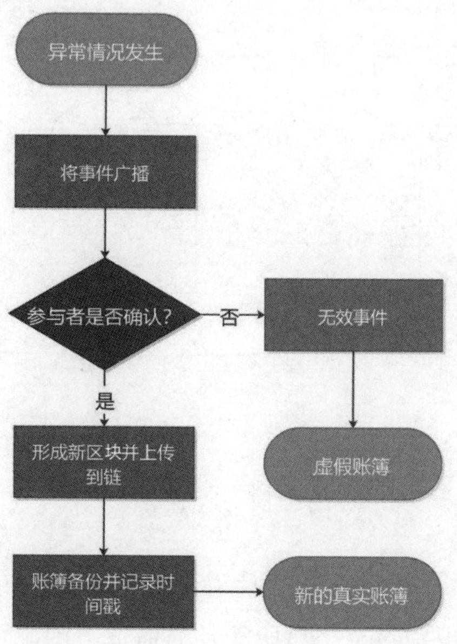

图 3-13　利用区块链优化审计预警机制

3.4 关键技术及方法

3.4.1 多通道与隐私保护策略

通道是指两个或多个节点之间进行信息通信的私有空间，如图 3-14 所示。在一个交易通道内，成员需要通过身份验证和授权才能进行交易。Hyperledger Fabric 作为一个许可网络，采用了多交易通道的设计，每个通道都维护一个独立的账本，让通道内的各方可以共享信息。通道采用数据分区机制，隔离了参与者的交易可见性，这让网络中的其他成员无法访问该通道，也无法查看该通道中的交易。Hyperledger 的账本既可以在大型对等网络上共享（网络通道），又可以被定义为仅对特定的参与者可见（双边通道）。双边通道强调保护用户的隐私，交易和排序都发生在通道内，交易细节仅对当前所涉及的一方可见。通道中的双方都可以查看对方当前通道内的帐户交易，但是由于任何一方只能查看其交易对手一个通道内的账户余额，因此任何一方都不可能推断出交易对手的总余额和交易流水。

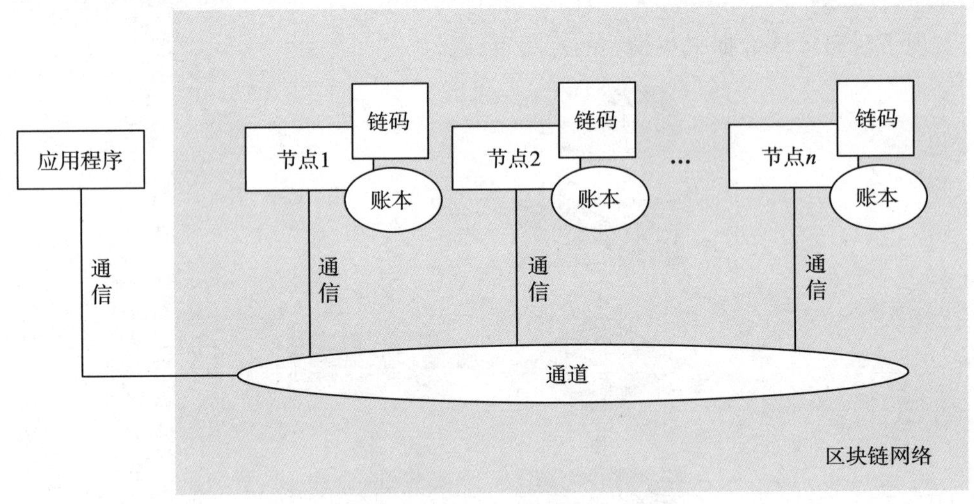

图 3-14 通道结构

Hyperledger 多通道设计的目的是，希望在保护隐私的同时促进跨通道的交易和资金流动。网络参与者可以识别每个交易所涉及的通道，因此可以根据系统配置的需要在基础设施级别保护数据隐私（例如通过部署额外的加密函数来确保数据机密性），也可以完全取消交易通道以提高效率。网络通道有交易双方的身份信息、交易执行指令以及每一方可用于执行支付指令的净额，但并不暴露个人交易金额。在一个交易指令有限的交易周期中，推算交易量是有可能的；但在交易吞吐量很大的情况下，净额结算很可能涉及某一周期的多个交易，那么个体的交易量就很难推断。双边通道为这个问题提供了解决方案，它在通道内进行双边净额结算，而不涉及网络中的其他参与者。由于双边交易的排队支付指令都在双边通道内解决，不受多方交易吞吐量的影响，从而解决了整体网络流量的瓶颈。为了满足用户在各自通道中保管资金及其他交易资源的需要，交易银行之间还引入了独立双边通道的设计，符合业务运营规则的所有交易都可以通过链代码（智能合约）自动执行。

3.4.2　Hyperledger Fabric 的共识机制

在 Hyperledger Fabric 中，共识的概念比以比特币为代表的公链更为广泛，它是网络中的多个节点对某一个交易集合内交易的顺序、正确性以及账本的最终状态达成一致的过程。Hyperledger Fabric 的共识贯穿着交易的整个生命周期，即从交易提案、背书到排序、验证、提交的整个过程，而不仅仅是在确认交易时使用的只有单一加密验证功能的特定算法[16]。

在 Hyperledger Fabric 中，共识的目的是验证新区块中所有交易的正确性。当区块中交易的排序和执行结果满足某些特定策略的检查时，就会达成共识。这些检查也发生在交易的各个环节，包括对背书节点的检查，指定某些节点为特定的交易类别背书，以及检查系统链码是否有效。在提交交易之前，验证节点需要使用系统链码来检查背书数量是足够的，背书的签名和来源是有效的（Hyperledger Fabric 中有背书节点、排序节点和验证节点三个节点角色）。此外，在任何新交易区块被添加到账本之前，都会进行版本控制检查，这种最终检查可以防止双花和可能破坏数据完整性的其他威胁。

除了背书、有效性和版本控制检查之外，Hyperledger Fabric 还在交易流的各个方向上进行持续的身份验证。访问控制列表被植入到网络中上至排序服务、下至通道的每一层，并且当交易提案经过系统中的不同组件时，负载将被重复地签名、验证和授权。

对于 Hyperledger Fabric 区块链网络的用户来说，重要的是弄清楚共识流程是如何发生的、谁可以改变它，以及如何改变。首先交易提案被提交到背书节点，背书节点执行链码将已背书的交易发送到排序节点；排序节点将排好序的交易打包到一个区块中，广播给通道内的参与者进行验证；最终，验证成功后的交易区块被更新到账本。这个机制可以确保通道内交易的最终性，然而目前 Hyperledger Fabric 还没有用于通道之间通信的交易链码，因此必须使用诸如 Node.js 这样的传统技术来进行跨通道的通信。

3.4.3 多排序服务设计原则

在概念验证阶段，一个 Hyperledger Fabric 网络可以只包含一个排序节点（orderer），它将交易发送给通道中的多个验证节点（peers）进行验证。但是，当从概念验证过渡到区块链实施项目的生产阶段时，应该设计多个排序服务，这是因为如果只有一个排序服务将交易发送到通道中的所有对等方进行验证，很可能会造成单点故障。一旦排序失败，交易就不会被打包成区块并被提交给区块链，这时就会出现交易中断。而多节点排序服务（例如 Kafka）由于有多个排序节点，排序服务的可用性被大大提高了，也就避免了单点故障的发生。Kafka 是一个高吞吐量的分布式消息平台，对实时数据进行高吞吐量和低延迟处理。通过分离共识服务和账本，即在所有参与者之间共享散列数据的同时（共识服务），保持有限集合的私有数据（交易日志），从而减少由多个通道造成的开销，提高整个系统的运行效率。Hyperledger Fabric 工作流设计的一个折衷原则是在保证隐私所需的通道数量的同时，实现高吞吐量的信息通信，因此跨通道的信息通信（例如不同双边通道之间的价值流动）是十分必要的。Hyperledger Fabric 目前尚不支持跨链交互，两个通道之间的协调逻辑需要使用 Node.js 在自定义应用程序中编写。在早期开发阶段，最好为应用程序的协调函数提供回滚机制。因为该函数涉及多个链代码，回滚机制可以方便追踪执行过程。在原型设计阶段，最好在系统架构中设置冗余节点，以支持更高的网络弹性。

3.5 应用与实践

我们于 2016 年年初在公司的即时通信平台部署了一个企业红包应用（YG-CC），支持同时给 5000 名员工发送拼手气红包。该应用针对团队激励、春晚红包、年终福利等应用场景，允许一对多价值在企业内部传递，能有效促进企业文化建设。但是，由于需要第三方支付且红包发量大，存在实时结算困难。因此我们使用了“企业红包区块链记账平台”，通过 YG-CC 红包业务系统和区块链代币共同记账的方式，在不改变原有业务架构的前提下并行一个区块链账本（YGLedger），实现区块链代币（YGCoin）与积分的自动锚定、区块链记账、积分奖惩智能合约的定制与执行、区块链代币与奖品的兑换与消费。同时，鼓励员工人人参与 YGLedger，测试区块链云服务的功能和性能，获得测试数据，改进、优化区块链服务。产品的运行截图如图 3-15 所示，其中图 3-15a 所示为发红包界面；图 3-15b 所示为收红包界面，其中包含该次交易的区块链 Hash 地址，通过此地址可在区块链账本 YGLedger 上查询交易信息；图 3-15c 所示为钱包余额；图 3-15d 所示是交易记录。

a) 发红包

b) 收红包

图 3-15　企业红包系统（YG-CC）截图

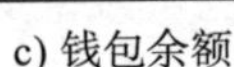

c) 钱包余额

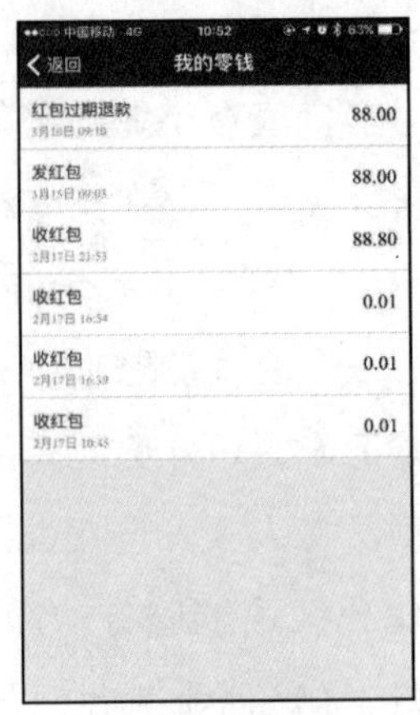

d) 交易记录

图 3-15 （续）

3.6 结束语

区块链提供了一种信任成本几乎为 0 的信用建立范式，在这种范式中，公司员工可以通过区块链加入一个共同的分布式数据库，通过共同记账、身份认证、数据加密和智能合约，在没有中间方的环境中达成信用共识。这个分布式数据库包括了所有用户的历史交易记录及相关信息，所有信息都分布式存储并透明可查，并以多点备份和共识算法保证其不能被非法篡改。因此，我们可以通过区块链记账的方式，更快捷方便地对账目信息进行审查，不仅节省了第三方支付和银行转账的中间费用，还能提高财务安全和可审计性，在企业中有很大的应用价值。

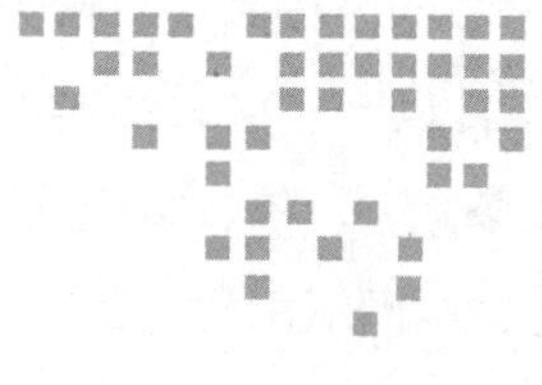

Chapter 4

第 4 章

基于区块链的购售电云合同

4.1 背景与现状

4.1.1 电力体制改革环境下，电力市场对电子合同的需求激增

由于自然垄断的特性，我国的电力工业在很长的一段时间都采用发输配售一体化的经营模式。随着经济、社会的发展和国家电改政策的推出，开始出现微电网、独立发电商和售电公司，他们和大电网、购电用户之间的购售电行为就需要用合同去规范，以保证各方的合法权益。1994 年，电力工业部印发了《关于电网与发电厂、电网与电网并网运行的规定（试行）》（电政法 [1994]315 号），要求电网公司和并网的独立发电商之间签订电力交易相关合同。2002 年网厂分家，网厂双方电力交易行为由内部核算转为外部结算。2003 年国家电监会和国家工商总局联合印发《购售电合同（示范文本）》（电监市场 [2003]36 号），网厂间开始签订《购售电合同》，同时根据要求将签订完毕的合同报监管机构备案。随着跨区跨省、发电权等不同交易类型的开展，电力交易合同也日趋多样化、复杂化。各类电力交易合同的签订，对明确合同双方的责任和义务、促进电力市场公平有序运作起到了积极作用。

自 2015 年发布《中共中央国务院关于进一步深化电力体制改革的若干意见》（中发[2015]9 号）文件以来，电力体制改革不断深化向前推进，并把完善市场化交易机制作为近年重点任务之一，依法组织电力交易合同签订与管理是交易机制的重要内容。电力交易市场从过去电网输配售一体的政企垄断经营模式转变为开放配电网、售电侧，并引入电力零售竞争，大量独立的发电商、售电商纷纷在竞争中谋求发展。电力交易具有主体多元化、电力产品多种类的特点，不同交易类型的开展要求电力交易合同也趋于多样化。在完全竞争的电力市场中，购售电合同能够满足电力企业的经济需求和规范电力交易双方之间权利与义务关系，因此，有效的电力合同管理对促进电力市场公平、合规地运作起到了积极作用。

随着分布式能源电力产销者的活跃，电力市场日趋复杂，购售电合同数目也呈几何级增长，给电力合同管理带来巨大挑战。长期以来，电力交易合同以纸质合同形式签订，较难适应灵活交易的要求，合同信息需依靠人工录入电网企业信息管理系统，合同多方签订需跨时间、空间，耗时耗力，事后存储、管理及公证难度大、成本高。一旦纸质合同丢失或毁损，售电方与用户之间很容易产生法律纠纷，合同内容也很难保证按时、高质量履行，这对交易双方的利益造成损害。

4.1.2 电子合同的优势

目前的电力交易合同主要有两类——购售电合同和直接交易合同。购售电合同是电网公司向发电企业或其他电网公司购电的合同，不涉及电力用户；而直接交易合同是电力用户向发电企业直接购电而达成的交易合同，由电力用户、发电企业及电网企业三方签订。在电力市场化改革的浪潮下，异地合同签署、海量合同管理、合同数据举证等痛点日趋凸显，对合同签署的便捷性、时效性、安全性等提出了更高的要求。电子合同是典型的无纸合同，是以数字化形式存储在计算机介质上的一组数据。和传统的纸质合同相比，电子合同在发出的瞬间就可以传递给对方，具有信息传递即时、合同订立高效、时间成本低、合同便于分类管理、查询方便等优势，十分适合用于电力交易合同。目前，部分电网公司使用电能交易系统，事先将电力合同要素录入系统，待售电公司和组织确认后，便可形成一个约束性合同。然而，这种合同仅针对于电网公司内部的双边交易，交易系统也存在于内部网络中，不能广泛用于以小用户为核心的电力零售市场。云合同是将电子合同存储在云服务器，为用户提供在线生成、电子签署、履行监管的合同一站式服务，从而打造完整的合同生态链。和传统的纸质合同相比，云合同具备以下 4 个方面的优势：

- 能够根据不同场景需求提供多种合同生成方式，既可以依照模板生成合同，也可以由签署双方自由拟定；
- 合同流转、传签都可以在线完成，流程清晰，方便快捷；
- 合同云端存储，存取方便，不用担心误删；
- 合同签署不受地域、时间限制，为短期电力交易提供了可能。

4.1.3 目前购售电电子合同的痛点

在《国家电网公司系统合同管理办法》中明确规定，购售电合同签订后需报送给法律事务部备案，审计部门、监察部门依其职责对合同订立、履行、变更、解除进行审计、监察。而由于各部门的信息管理系统大多在不同时期由不用的软件商分别开发应用，相互之间独立运行，造成部分电力交易合同信息不一致，且任意信息变更无法实时共享，部门间信息不对称，审计不规范，出现合同缺失等现象。同时，为了解决电力交易合同在客观上存在的法律问题，通常需要从第三方托管存储平台调取电子合同，将其提交给司法机构进行鉴定出具报告，数据在传输过程中易被截获、非法修改，交易主体的信息没有得到有效保护，使用户对公证后的购售电合同的公信力产生质疑。主要痛点集中在：

- 电子合同在备份、传输等过程中容易受损，导致数据不完整，合同可信度降低；
- 由第三方运营的电子合同易从技术上可被篡改，且篡改无痕，没有机制保证其法律有效性；
- 一旦产生纠纷，对传统电子合同出具司法鉴定报告的取证流程复杂、效率低下；
- 电子合同一旦灭失，很难固定证据，又因其具有跨地域性，使得异地取证困难；
- 电子合同可能被复制多份，修改后难以核对原始版本；
- 合同数据在传输过程中，合同条款、签署人隐私等信息有可能被泄露甚至篡改。

故而，需要一种可信的环境来对售电电子合同进行全流程的线上管理，打破各系统的信息壁垒，从合同生成开始固化其法律效力。

4.2 区块链技术与购售电云合同的匹配度分析

由于电子数据具有易灭失性和易篡改性，国家出台了相关法律对电子合同的形成和保存进行了约定。《中华人民共和国电子签名法》第五条和第六条规定，电子合同必须“能够有效地表现所载内容并可供随时调取查用”“能够识别数据电文的发件人、收件人以及发送、接收的时间”“自最终形成时起，内容保持完整、未被更改”。区块链技术正好具备这些特质。2018 年，《最高人民法院关于互联网法院审理案件若干问题的规定》指出，通过电子签名、可信时间戳、哈希值校验等区块链技术手段进行电子证据存证，能够证明其真实性，互联网法院应给予法律确认。区块链的本质是一种分布式记账的数据库，一段时间内的所有数据记录被打包成区块，按时间戳顺序连接成链条，此“公共账本”存储了所有历史数据，并为每一笔数据提供检索和查找功能，能够逐笔验证。新的数据需经由区块链所有成员节点根据共识算法达成一致才有效，并实时、自动同步相同的总账，无须中央服务器参与。区块链具有分布式、去中心、公开透明、不可篡改、集体维护、保护隐私的特点，可以有效解决合同数据造假、可信度缺失、监管不完善和历史记录回溯困难等问题。区块链技术与购售电云合同的匹配度分析如下：

- 传统的购售电合同管理与存证只是将扫描后的纸质合同或电子合同要素存放至电网企业自有或租赁的服务器上，数据非常容易遭受破坏、系统易出现单点故障；区块链以去中心化的方式，对大量数据进行记账和维护，端到端的数据流通，能实现系统间的快速对接，大大提高了合同出证效率。
- 由购售电各方组成联盟链，联盟中的司法鉴定机构、仲裁机构、审计机构等共同监督交易记账，实现自动存证。一旦产生纠纷，多方机构可以随时从链上取证并将其作为直接证据，也可以以此为依据出具相应的审计报告、司法鉴定意见书和公证函，提高电子合同取证效率，加快数据信息线上证据化流程，同时数据全链条在每个节点都有存证，数据安全备份，增强了可信度。
- 无论是纸质购售电合同的电子副本还是经过电子签名的电力合同，都极易被无痕迹篡改，数据有效性与可信度大打折扣。而运用区块链技术，使电子合同的法律效力在生成初始就固定下来，售电合同一经上链就无法篡改，信息的任意变更都会第一时间传送到司法鉴定机构、电网企业的审计、法律部等的服务器，可以实时验证合同的完整性和真实性。

- 利用区块链的公私钥加密技术及节点对合同数据的访问控制，可以实现隐私保护和数据的权限隔离，仅允许拥有解密密钥的参与方获取合同内容。
- 将被电子签名后的购售电合同经 Hash 运算后存储于区块中，合同本身上传至云端，在降低资源耗费的同时避免个人或企业的数据隐私被泄露。

因此，利用区块链技术管理购售电合同，满足《中华人民共和国合同法》及法律机构的合规标准，提升了整个合同存证出证业务的电子化水平；中间有大量的机构和组织进行信用背书和监督，增强了购售电合同的公信力；分布式的存储方式使电力合同更加安全、完整，优化我国电力市场化交易机制。如图 4-1 所示，利用区块链技术可以实现“一站式”的电力合同管理，包括合同生成、合同流转、合同签署、合同监管等。将电子合同文件保存在云端，文件的数字指纹写入区块链，参与节点共同维护一个基于时间戳记录的可信数据网络，大大减少了独立审计、实时共享、短路径传输、线上随签和集成的成本和难度。在数据保全方面，区块链保障了数据安全，提高了数据公信力，使得取证更便捷、证据追溯更容易；同时支持短期电子合同，方便查验，提供虚拟化、可视化的人机交互界面，增加了合同造假的难度。

图 4-1　区块链合同存证的业务价值

4.3 区块链在合同存证领域的应用案例

4.3.1 兴业银行基于区块链防伪平台的合同管理系统

兴业银行区块链防伪平台[㊀]基于 Hyperledger Fabric 区块链底层技术开发的通用存证和防伪平台，提供通用的数据存证、数据验证、数据查询、数据查验、文件查验等功能。针对系统数据库保存的防伪码关键信息可能被恶意删除、篡改、覆盖等问题，兴业银行将现有的合同管理系统与区块链防伪平台对接，主要步骤包括合同新建和合同审核。在新建合同提交审核时，系统用加密算法对合同文件自动生成对应的防伪码，并存储在区块链的第一个数据区块中，其他各认证节点按照预先部署的协议完成数据同步；在合同审核时，系统计算相应的合同文件防伪码并与之前保存在区块链上的防伪码进行比对验证，确保合同内容是未被篡改的。合同审核完成后，系统将重新计算新的防伪码并再次保存在区块链上，同时被其他各认证节点同步，从而保证在合同审核的每个步骤都进行数据的验证和保存，防止合同数据被篡改。平台在逻辑上分为应用层、服务层、智能合约层和区块链数据层。应用层用于与外部系统和用户进行交互，服务层为用户提供数据存证、查询、查验服务，智能合约层为各认证节点提供合约管理、测试和部署等合约服务，区块链数据层利用区块链对数据进行存储和管理。兴业银行区块链防伪平台具有数据不可篡改、安全性强、API 接口灵活、接入快速、合同内容保护、审批流程可自定义、支持非制式合同等优势。

4.3.2 众签电子合同存证联盟链

2017 年 5 月，众签发起成立中国区块链基础服务联盟，并提供基于众链区块链特点的电子合同存证服务。众链联盟链由司法鉴定、审计、仲裁、公证乃至法院等权威机构联合构建，用于对电子合同及其形成过程中产生的各类证据进行保全，实现相关证据的去中心化存证[㊁]。

㊀ 参见兴业银行股份有限公司西宁分行课题组与高海明撰写的《基于区块链技术的合同防伪》，发表于《青海金融》，2018（3）。

㊁ 参见 2018 年 4 月由中国区块链基础服务联盟发布的《2018 年中国区块链行业应用报告》。

首先，众签电子合同平台对合同签署双方提供符合《中华人民共和国电子签名法》的身份认证，并由 CA 机构颁发数字证书；其次，根据客户需要选择公有云、私有云或 API 的合同签署方式，完成合同的线上签署；签署完成后，众签使用单向加密算法计算与合同文件相对应的唯一哈希值（即数字指纹），并将其保存到众链上；最后，众链上的七个权威节点根据协议同步数字指纹，实现电子证据的法律固化。众链提供合同查验功能，如果合同被篡改，通过原来的加密算法得到的数字指纹就会与存储在众链上的数字指纹不一致，以此验证合同的一致性。如果需要对电子合同进行出证，由于法院也属于众链的权威节点，因此可以直接出具司法鉴定报告，取信度更高，速度更快。通过众链，用户除了可以单方一次性存证，还可以通过仅允许买方或卖方解密查阅的方式，点对点地进行数据交易，商业模式多样化。

4.3.3　法链电子合同存证联盟链

法链联盟链[⊖]是由法链联盟成员建立并维护的区块链存证网络，发起人包括法大大、Onchain（分布科技）、微软中国等，运营方为上海法链网络科技有限公司。联盟链节点包括记账节点和普通节点，其中记账节点为法链公司、Onchain、法大大、公证处、司法鉴定机构、仲裁委、律师事务所等权威的第三方机构，或具有高度资信的金融机构、征信单位等；普通节点为联盟客户。

针对电子合同签署过程中存在的被篡改、代签的风险，法链区块链通过对接电子合同签署平台，实现电子合同全流程存证，使用户在平台上签署的电子合同真正合法有效。首先，用户在加入电子签约平台时需要进行实名身份认证，认证成功后获得 CA 证书；存储方上传需要存证的电子文件，可以是电子档案、电子合同、图片、视频、著作、证明文件等。法链对用户上传的电子数据进行哈希计算生成固定长度的唯一特征数据，即原数据的“数字指纹”。然后，存储方利用私钥对数据签名后发送到区块链网络，经过共识后打包成区块。最后，区块链网络中的各节点同步区块数据，数据指纹被存储在区块链上。当用户需要对存储的数据进行证明时，可以通过法链公司或公证处、司法鉴定机构、征信机构等具有资质的第三方出具证明报告。

⊖　参见 2017 年 8 月由上海法链网络科技有限公司发布的《法链产品白皮书——法链存证》。

由于法链联盟可以提供图片、文字内容、音频、视频等多种电子文件的存证服务，用户可以对不同类型的文件，如合同、文档、专利、版权、图像、健康报告、视频、邮件、保单等进行存证，使应用场景多样化。例如，针对邮件易删除、中心化存储、取证难、费用高的问题，阿里云邮箱联合法大大推出了基于区块链技术的邮件存证。当纠纷发生时，只要一方有邮件副本，通过对比“数字指纹”就可以验证邮件的真实性，并由联盟链的公证处或司法鉴定机构出具公证书或司法鉴定证书作为庭审证据，具备法律效力。

4.3.4 微众银行基于区块链的仲裁链

2017 年 10 月，微众银行联合广州仲裁委、杭州亦笔科技三方搭建了“仲裁链”，利用区块链为司法提供真实透明、可追溯的实时保全数据，重点解决金融领域的取证难、诉讼难问题。

在“仲裁链”中，证据的明文是由鉴定机构在链外生成和验证的，而证据摘要则由机构签名后，通过哈希计算打包存储在区块链上。鉴定机构确保证据的有效性，并对证据的存储进行见证。一旦用户发生纠纷，鉴定机构只需要验证用户所提供数据的哈希值是否与保存在区块链默克尔树上的一致，即可迅速得出鉴定结果并提交仲裁。每一次存证都在区块链上存有时间戳，清楚地记录每一个用户的所有存证和查询时间，形成完整的证据链。区块链利用多节点分布式存储证据文件的数据指纹，与中心化的存储比较起来能有效防止黑客对单节点的攻击，系统的安全性更高。

2018 年 2 月，广州仲裁委基于“仲裁链”出具了业内首个裁决书，标志着区块链应用在司法领域的真正落地并完成价值验证[⊖]。借助区块链技术，仲裁链将实时保全的数据通过智能合约形成证据链，满足证据真实性、合法性、关联性的要求，实现证据及审判的标准化，从而精简仲裁流程，将传统数个月的仲裁流程缩短到 7 天左右，司法成本也降低至传统模式的 10%。

⊖ 参见发布于雷锋网上的文章《微众银行联手广州仲裁委，“区块链 + 存证”首份裁决书诞生》（查阅于 2018.03），网址为 http://www.sohu.com/a/225390561_114877。

4.3.5 北京互联网法院“天平链”

2018 年 12 月，北京互联网法院发布了与工业和信息化部国家信息安全发展研究中心、百度、信任度科技公司等国内领先的区块链产业企业或组织共建的电子证据平台——天平链[⊖]，用于解决在“网上案件网上审理”的互联网审判模式中，电子证据由于易变性、易改无痕等特点导致的涉网案件存证难、取证难的问题。利用区块链技术，天平链可以实现司法实践中电子数据的全流程记录、全链路可信、全节点见证：一方面对当事人上传到电子诉讼平台的诉讼文件和证据进行存证，防止篡改，保障诉讼安全；另一方面对进行过天平链存证的诉讼证据进行验证，解决当事人取证难、认证难的问题。据北京互联网法院院长张雯介绍，天平链在发布时已运行三个月，共建设司法区块链节点 17 个，完成了 24 个互联网平台或第三方数据平台和存证平台之间的应用数据对接。三个月来，当事人通过电子诉讼平台提交的材料全部通过天平链进行了存证，截至发布时存证材料数已达 187623 条，验证证据文件 316 个。

值得一提的是，北京互联网法院在发布天平链的同时，还发布了《北京互联网法院电子证据平台接入与管理规范》《北京互联网法院电子证据平台接入与管理规范细则》《北京互联网法院电子证据存证接入申请表》《北京互联网法院电子证据存证接入接口说明》等配套文件，从实际操作角度出发，更详细地规定了对接入方的资质要求，对接入方电子数据系统环境规范的要求，对证据平台的司法应用要求等，为进一步应用落地给出了指导标准，奠定了实践基础。与传统的电子证据存证方法比较起来，“天平链”具有验证程序更高效、取证费更低廉、证据一致性验证前置、审判效率和质量更高等优势。

4.3.6 基于区块链的存证 App——远光存证

2018 年 11 月，远光软件基于自主研发的区块链技术“智客链”，推出了微信小程序“远光存证”。用户注册成功后，可对即时摄录的图像、音频、视频进行申存。“远光存证”为用户提供出证服务，提供区块链文件存证证书及第三方公证。用户可以通过

⊖ 参见发布于中国法院网上的文章《北京互联网法院建电子证据平台天平链》(查阅于 2018.12)，网址为 https://www.chinacourt.org/article/detail/2018/12/id/3618145.shtml。

扫描证书上的二维码，在区块链上查询文件的存证详情，包括文件类型、名称、编号、权属、数字指纹信息、上链时间、所属区块、区块哈希和交易哈希，如图 4-2 所示。此外，“远光存证”还提供查验文件服务：文件的申存信息上链后，用户可以对文件进行完整性校验。“远光存证”将区块信息与新上传的文件信息进行对比，以判断文件内容是否被篡改过。如有篡改痕迹，则发出警报。

图 4-2 微信小程序“远光存证”产品截图

4.4 业务流程和主要功能

电力交易云合同存证系统在电子合同服务中引入区块链技术，在区块链网络中保存和传输不可篡改的电子合同相关信息，确保电子合同可信任且可追溯，为用户提供电力交易合同的在线存证、公证、查证功能。系统支持预先设置合同模板，以及合同文件的在线起草、审批、校验、传签、归档，实现基于区块链的电子合同文件保全和签署轨迹查验。

4.4.1 总体业务流程

系统总体业务流程如图 4-3 所示：首先由用户发起注册，身份认证通过后为用户分配 CA 证书及公私钥，接入区块链网络。以购售电合同为例，交易双方可以通过合同存证系统预设的电力交易合同模板起草购售电合同，也可以根据双方意愿自由拟定合同，在线审批、传签，最终将双方签名的合同作为电子存证保存在区块链上。系统可以为用户提供合同数据保全、合同公证、合同轨迹查询、合同真伪校验服务，也可以为用户查验合同是否被篡改过。

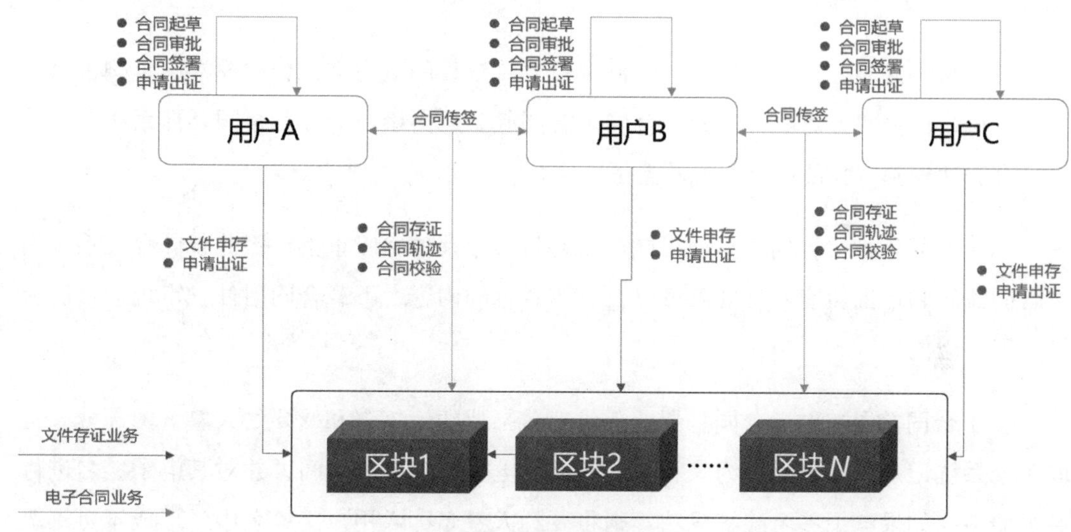

图 4-3　总体业务流程

4.4.2　主要功能

电子合同的订立和签署一般有一套标准的业务流程，包括身份认证、电子合同起草、审批、签署、变更、查询等，因此合同存证系统的主要功能包括：

（1）**身份认证**：电子合同缔约人在缔约前，向合同存证系统提交身份注册申请。如果材料齐全、材料符合法律规定，则身份注册成功。对持有数字证书的，进行数字证书绑定，将身份登记成功的通知发送至缔约人；对于未持有数字证书的要约人或受要约人，将采取其他可信的认证方式进行身份认证，但所采取的其他认证方式应取得国家主管部门认可，并能对电子合同缔约人的身份进行真实性、有效性和一致性认证。身份认证通过后，系统自动为用户分配公私钥，接入区块链网络。

（2）**合同模板**：为了满足合同文本样式多样化的需求，需要提供合同模板管理功能，实现合同模板的灵活配置管理，以及合同的全生命周期管理。提供合同模板设置功能，实现合同模板的灵活可配置管理，提供包括新增、修改、删除、变更、停用、审核、查看等功能。系统提供按模板名称、对应合同分类、模板状态等条件进行查询过滤的功能，默认按模板更新时间倒序排列展示所有未停用的合同模板记录，支持展示停用 / 非停用的合同模板。

（3）**合同起草**：用户可以通过合同存证系统预设的电力交易合同模板起草购售电合同，也可以根据双方意愿自由起草合同。合同起草后由用户上传，合同存证系统对文件进行合法性校验，验证通过后流转至下一岗位。

（4）**合同审批**：合同签订前可能需要经过多个岗位逐级审批，因此合同存证系统提供合同流转和审批功能。审批人可以在线查看合同内容，下载合同附件，审批通过后流转至下一岗位。

（5）**合同签署**：电子合同签署业务一般包括要约人签署和受要约人签署两部分。合同存证系统记录电子合同要约人和受要约人的电子签名签署时间，并对其电子签名进行签名验签。如果电子签名验签成功，则将要约人签名存入用户组签名中，形成不可篡改的电子合同文件，存储至云服务器并同步至区块链网络；如果电子签名验签不成功，则将验签未成功通知发送至要约人。

（6）**合同存证**：用户提交双方电子签名的购售电合同快照文件到存证系统，存证系统使用 Hash 算法计算电子合同的数字指纹，然后将数字指纹同步到区块链存证，同时将电子合同快照文件存储到云服务器。利用区块链的不可篡改、可溯源性，合同存证系统可以为用户提供可信电子凭证，也可以查询合同的整个生命轨迹；通过和区块链上的数字指纹进行校验，可以进行合同真伪判断和篡改查验。具体流程如图 4-4 所示。

（7）**合同变更**：合同变更指有效成立的合同在尚未履行或未履行完毕之前，由于一定法律事实而使合同内容发生改变。合同变更是基于原合同内容进行的，即在原合同的基础上进行变更编辑，确认之后将生成新的合同。合同变更包括变更申请信息和合同变更文本两部分。前者维护的是合同变更申请信息，后者维护的是合同正文的内容。变更后生成的新合同将同步至新生成的区块，同时与原合同进行关联，从而保证可追溯性。

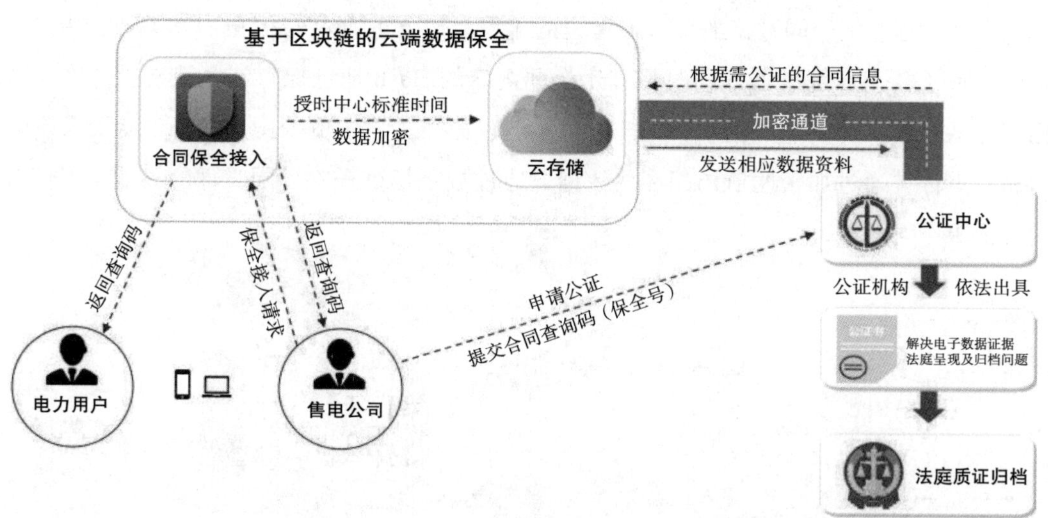

图 4-4　电力交易合同存证的业务流程

（8）**合同公证**：公证申请方向合同存证系统提出合同保全接入请求，合同存证系统返回查询码（保全号）给申请方。申请方向公证中心提交合同查询码（保全号）申请公证，公证中心从云存储获取电子合同快照文件，从区块链获取电子合同的数字指纹，匹配两者的数字指纹来执行公证。云服务器接受合同数据条目，并将它们保存至新的区块。区块生成后，该条目的顺序通过插入到区块链的一个锚定而变得不可篡改。通过对一段时间内收集的数据创建哈希值，然后把这个哈希值记录到区块链来实现这个功能。

4.5　关键技术与方法

4.5.1　合同数据的接入及保全方式

在一个基于区块链的合同存证系统中，首先要解决的就是合同数据的接入方式问题，即合同数据如何“上链”。在区块链网络中，区块数据将被多个节点备份，因此不能将合同文件直接存储在链上，以免造成大量冗余，影响区块链的运行效率。区块链上只保存合同的轻量级元数据，保证合同信息在存储和流转的过程中只有拥有合法访问权限的用户才可以获取，而合同文件本身则存储在云端。

图 4-5 描述了合同数据的接入及保全的流程。与公正通（Factom）[17] 类似，用户将合同文件上传至云服务器，同时将基于合同内容的 Hash 地址保存在区块链上。区块数据仅记录合同文件的数字指纹，而非文件本身。第三方 CA 负责用户的身份认证及密钥发放，审计员通过加密通道访问区块数据，通过数字指纹查验合同文件的真伪，提供合同公证服务。

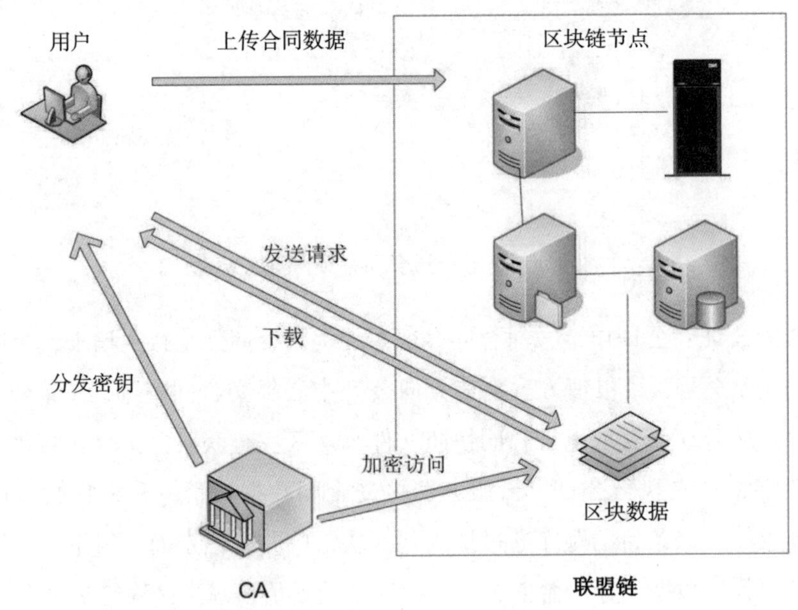

图 4-5　数据的接入及保全方式

具体过程如下：

（1）区块链节点将进程列表重置为空。

（2）用户通过公钥提交请求。

（3）根据用户公钥，区块链网络选择是否接受该请求。

（4）若某个记账节点接收了该请求，则向网络广播该请求被接受。

（5）用户看到请求被接受，然后提交合同条目。

（6）根据合同条目的链标识，其中一区块链节点把条目加入其进程列表，并添加进入相应链的区块中（如果这是该链的第一个条目，那就创建这个新链）。

（7）服务器对网络广播该条目的确认，内容含有条目在进程列表中的位置、条目的哈希值及最新进程列表的哈希值。

（8）区块链网络中的所有其他节点更新该服务器的进程列表，验证该列表，并更新该链的区块。

（9）只要用户可以验证相关的进程列表中包含自己提交的合同条目，那么他们就可以相信它会被成功地被录入区块链。

（10）在一个打包周期结束时，所有服务器确认进程列表高度，计算合同条目的反向哈希，还有被处理区块的一系列哈希值。

（11）一个打包周期内的目录区块是由所有服务器中定义的所有条目区块组合到一起生成的。因此，每个服务器都拥有所有的条目区块、所有的目录区块和所有合同条目。

（12）使用反向哈希值的集合来创造一个种子，为下一轮的链标识重新分配服务器。

（13）在完成 10 个目录区块后，执行以下操作：

1）对最后一分钟的合同条目块创建默克尔树根，按链标识排序。

2）创建最后一分钟的目录区块，并计算其默克尔树根。

3）用 10 个目录区块的默克尔树根创建一个锚定。

4）用服务器的反向哈希值集合来创建一个种子，再用其选择下一个服务器来把锚定写到区块链上。

（14）返回步骤 1。

区块链服务用一种去中心化的方式来收集、打包、安全保护合同数据，并把数据锚定到区块链上。区块链节点不断变换在系统中所承担的责任，永远不会只有一个节点控制整个系统，每个节点都只是系统中的一部分。在开始创建一个目录区块的时候，每个区块链节点需要对某一部分的用户链负责。每一个目录区块内都会为每个有更新的链标识记录下一个区块头，区块头包含着合同条目的哈希值。记录的哈希值同时证明了数据的存在和在分布式散列表网络中能找到记录的钥匙。个体应用将会关注各种各样的链标识，可以从一个链标识搜索到所有可能相关的记录。

区块头包含了和一个链 ID 有关的全部合同条目信息。如果某个条目不是关联到某个区块头的话，那么可以认为这个合同条目并不存在。这样的设计能让应用程序很容易证伪，方便地识别哪些合同条目是真实可靠的。区块头并不包含合同条目。比起所有数据都被集合起来放入区块中，这种方式会让区块头的体积更小。把记录从区块中分离出来，也会让数据更加容易审计。审计员可以在一个单独的链中发布记录，用来批准或拒绝一个普通链中的记录，并添加加密签名来表明此条记录有效或无效。合同存证系统可以直接采用这个审计员对记录的决定（批准或拒绝），不用再去重新审核一次合同条目，并且只需要下载那些已经被审计通过的合同条目。多个审计员可以引用相同的记录，单个记录只需要在分布式散列表中存储一次，之后就可以在多条不同的链上被引用。

合同条目的审计是一个独立的过程，可以依靠信任第三方或不依靠信任第三方来完成。审计是至关重要的，当一个项目被输入系统中，审计人员首先要验证输入是否有效。审计人员将提交自己的加密签名，表示该条目通过了所有审计师认为需要做的检查。审计要求的条件实际上是区块链的一部分。以购售电合同为例，审计师会仔细检查交易电量、电价是否符合当地标准。如果交易的规则能够用计算机语言描述，则应用程序可以下载有关的数据，并进行自我审计和审核过程。该应用程序可以下载数据条目，验证数据条目，并决定条目是否有效，从而使该应用程序建立起对系统的感知。通过基于区块链的合同存证应用场景可完成如下可行性验证：

（1）**存在性证明验证**：通过区块链证明电子合同在某个时刻的合法存在。

（2）**开展第三方合作**：如公证、证据鉴定、司法服务等。

（3）**区块链数据层的云存储扩展的可能性验证**：将数据文件存储在云端，区块链上仅保存该数据文件不可篡改的指纹信息，节约区块链上数据存储空间。

4.5.2　基于区块链的分布式云存储架构

合同存证系统采用基于区块链的分布式云存储架构 [18]，如图 4-6 所示。整个合同文件的流转过程分为三个步骤：首先将用户的合同文件分成若干个大小相同的块并用椭圆加密算法加密；然后，以区块链技术的交易机制为媒介完成合同数据的存储和流转；最后，利用 Merkle 树验证合同文件的完整性。此外，加入随机文件副本存储策略以便用户可以从云上快速检索文件以减轻 P2P 网络的负担，并实现容错机制。

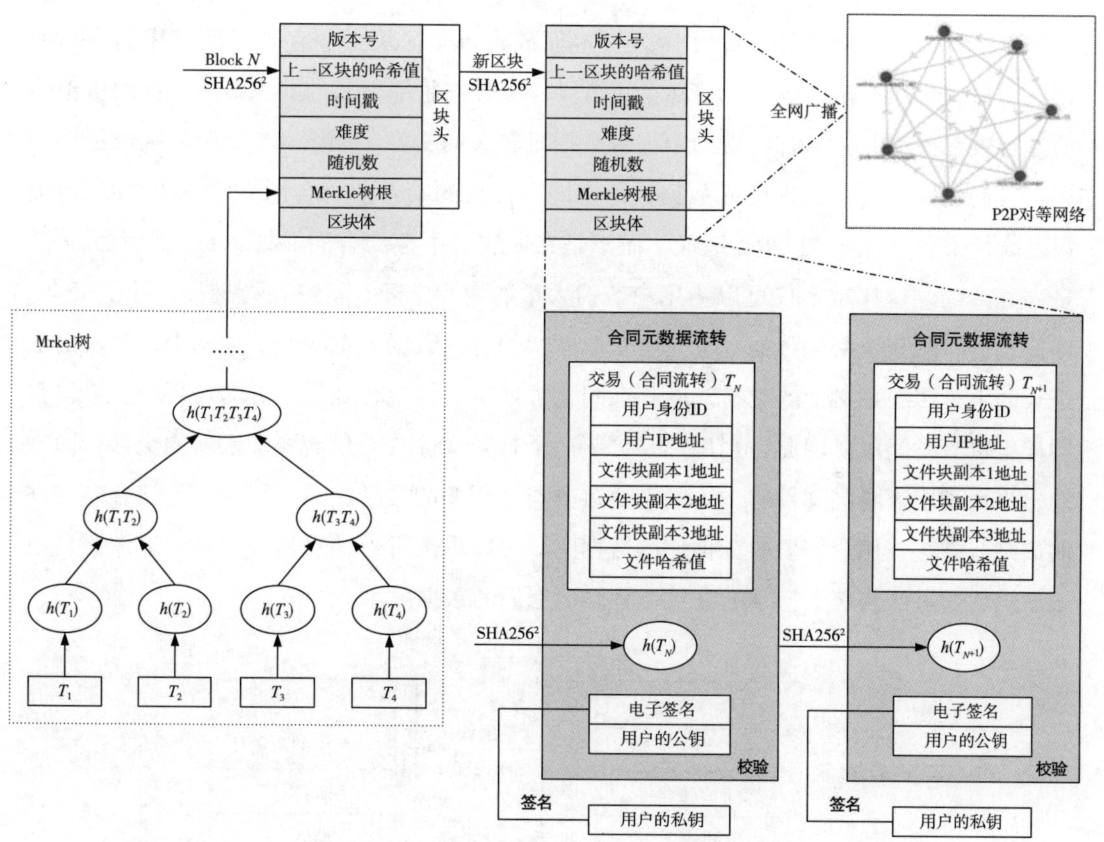

图 4-6　基于区块链的分布式云存储架构

1. 合同文件分块和加密

为了便于传输数据包、提升网络性能，首先要将用户的合同文件分成相同大小的块（例如 32MB、64MB……）。如果最后块的大小比指定值小，则以实际大小存放。然后，基于椭圆曲线加密 ECC 算法生成用户的公钥、私钥对（pk, sk），并对合同文件块加密。ECC 允许用户在没有任何密钥生成中心或第三方参与的情况下解密他们的文件。与此同时，利用数字签名算法 ECDSA 生成签名密钥对（spk, ssk）。该算法由 Neal Koblitz 和 Neal Koblitz 共同提出，也是由 ECC 和 DSA 组合而成。在合同流转时，发送者使用 ssk 在合同文件块上签名，并由接收者使用 spk 进行验证。

2. 使用区块链存储和流转合同文件信息

众所周知，区块链由一个个区块链接而成，每个区块上保存着时间有序的交易数据。交易大小和规模产生的时间和空间消耗，将影响每笔交易的共识效率和区块链整体的运行效率。因此，不宜在交易中携带数据量较大的文件。如图 4-7 所示的区块链结构中，我们仅存储合同文件的元数据，即合同文件块的哈希值、合同文件块的 URL 地址以及合同文件块副本的 URL 地址，而不是在区块链中存储合同文件本身。因为区块链是高冗余的，这样做不仅可以为用户节约大量的内存空间、提高运行速度，还更安全。即使攻击者截获了交易数据，也无法获取原始的合同数据。在我们的架构中，区块链上记录的不是传统意义上的交易，而是合同元数据从一方流转到另一方的过程，这个过程同样也带有时间戳。因此，当用户要更新一个合同文件时，只需要发起新的交易；同样的，当用户审查合同文件时，也只需要审查与之相关的最新交易，因为它是该合同文件的最终状态。当用户需要验证他们的数据时，可以根据身份信息从区块链中追溯交易记录，然后通过区块链上记录的文件位置验证他们的数据。

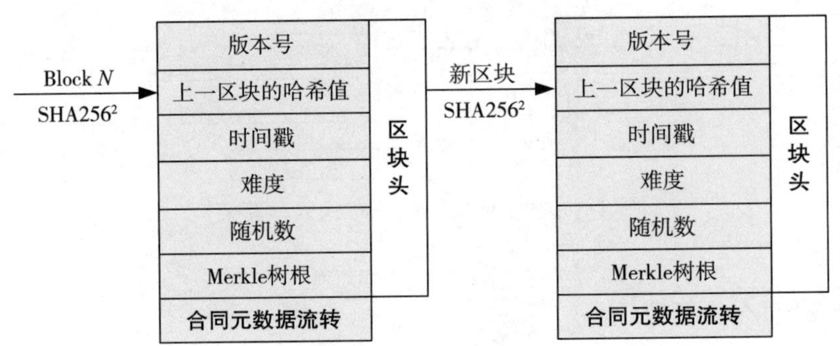

图 4-7　区块链的结构

3. 文件完整性验证

如图 4-8 所示，Melkle 树由 SHA256 单向哈希计算生成，而 SHA256² 是两次 SHA256 运算。Melkle 树首先通过配对数据，即最底层的叶子节点 T_i 构建。在比特币系统中 T_i 通常指交易，而在本章的系统中指合同元数据从数据所有者（Data Owner，DO）向数据使用者（Data User，DU）的流转过程。它们经过哈希运算后得到 $h(T_i)$，然后进行两两配对和再哈希，一层一层向上哈希直到得到最终的计算结果，即 Melkle 树根。在树中，包含合同信息的每个叶子节点都可以通过其相应的路径进行验证。通过比较它们的 Melkle 树根，我们就可以知道叶子节点中的合同元数据是否被篡改过。

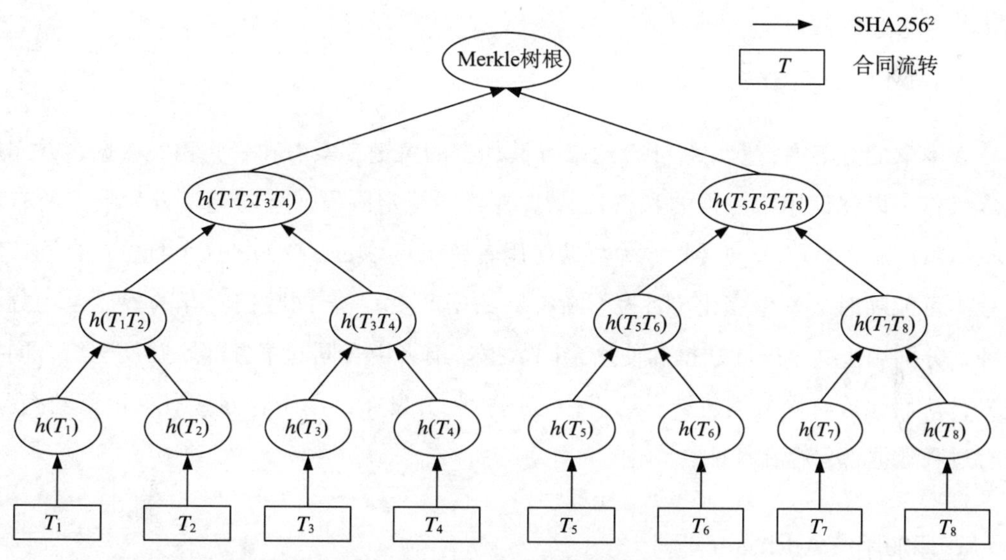

图 4-8　Melkle 哈希树的结构

SHA256 将任何输入都输出为 256 位的字符串，它是不可逆的，输入稍有变化，其输出就会有很大的变化。由计算过程可知，Melkle 根存储了所有合同文件块相关的信息，因此合同文件的完整性验证仅需要验证 Melkle 根，计算成本非常低。

4. 合同文件副本及文件存储策略

为了保证架构的可靠性和性能，可以采用随机存储策略将合同文件块存储到 P2P

网络的节点上，并使用冗余的文件副本来实现容错机制。合同文件副本在上传前也要经过加密，其数量（一般是固定的）由合同文件块的数量及文件副本放置策略决定。在传统的分布式云存储架构中，文件被分成相同大小的块并分布到不同的数据节点（DN）上。例如，Hadoop 的 HDFS 存储策略是将文件夹及其副本一式三份存储到一个数据中心或服务器中，其中第一个副本放置在上传文件的数据节点上，如果是集群外提交，则随机选择一台磁盘、内存、CPU 不太忙的节点存储；第二个副本放置在与第一个副本不同机架上的节点上；第三个副本放置在与第二个副本相同机架的相邻节点上。为了安全起见，合同文件块及其副本被随机放置在用户节点周围，这样恶意攻击者就几乎无法获取合同文件的所有分块。

4.5.3 数据交互智能合约

在本章的方案中，使用智能合约来存储加密的关键字索引和一些相关数据，并完成检索操作，以保证用户数据的私密性[19]。在合同拟定阶段，合同起草方为数据所有者（Data Owner，DO），合同接收方为数据使用者（Data User，DU），这个身份在合同传签过程中可能随时会发生变化（因为不断有新数据产生）。合同数据交互的智能合约分为两种，分别用于共享合同数据和使用合同数据。前者由合同起草方部署并发送给合同接收方，从而完成合同数据流转；后者由合同接收方发布，用于合同签署、检索及查验，所有过程数据都保存在智能合约中。

1. 添加用户 AddUser

由于采用联盟链的架构，对用户管理实行会员制，因此只有联盟链管理员有权限执行 AddUser 函数（也可由联盟链成员投票决定是否执行）。首先由用户向管理员发起添加新用户的请求，管理员通过加密通道接收待添加用户的身份证书信息并进行验证，验证成功后通过该函数向用户授权联盟链账户并分配公私钥。

- 输入：新用户的地址 NewAddress。
- 输出：添加用户成功返回 true，否则返回 false。

```
AddUser(NewAddress)
if msg.sender is not BlockchainAdmin then
    throw;
end
if NewAddress has existed then
    return false;
else
    AuthorizeUsers[NewAddress]   true;
    dispatch public and private key to NewAddress;
    return true;
end
```

2. 删除用户 RemoveUser

只有联盟链管理员有权限执行该函数。当需要删除某用户时，管理员通过该函数从授权账户列表中删除用户的联盟链账户。

- 输入：已有用户的地址 UserAddress。
- 输出：成功删除用户返回 true，否则返回 false。

```
RemoveUser(UserAddress)
if msg.sender is not BlockchainAdmin then
    throw;
end
if UserAddress hasn' t existed  then
    return false;
else
    AuthorizeUsers[UserAddress] ⇐ false;
    return true;
end
```

3. 为合同文件添加索引 AddIndex

只有合同起草方有权限执行该函数。当起草方上传新的合同文件时，他需要从每个文件中选择关键字列表并构建加密关键字索引，并将其存储到智能合约中。

- 输入：加密关键字索引 KeywordIndex、交易 ID TxID、加密密钥 Key。
- 输出：成功添加索引返回 true，否则返回 false。

```
AddIndex(KeywordIndex, TxID, Key)
if msg.sender is not DataOwner then
    throw;
end
if mapping KeywordIndex to (TxID, Key) succeed
    add it to Index variable list;
    return true;
else
    return false;
end
```

4. 删除合同文件 DeleteFile

只有合同起草方有权限执行该函数。当数据所有者 DO 删除某个合同文件时，需要提供该文件的加密关键字索引和交易 ID。

- 输入：加密关键字索引 KeywordIndex、交易 ID TxID。
- 输出：null。

```
DeleteFile(KeywordIndex, TxID)
if msg.sender is not DataOwner then
    throw;
end
get Index[KeywordIndex] array's length len
if len = 0 then
    return;
else
    for i ⇐ 0 to len-1 do
        if Index[KeywordIndex][i].TxID equals TxID then
            for j ⇐ i+1 to len-1 do
                Index[KeywordIndex][j-1] ⇐ Index[KeywordIndex][j]
            end
            delete Index[KeywordIndex][len-1]
            break;
    end
    end
end
```

5. 删除关键字 DeleteKeyword

只有合同起草方有权限执行该函数。当需要删除合同文件的某个关键字时，需要提供该关键字的索引。

- 输入：加密关键字索引 KeywordIndex。
- 输出：null。

```
DeleteKeyword(KeywordIndex)
if msg.sender is not DataOwner then
    throw;
end
get Index[KeywordIndex] array' s length len
if len = 0 then
    return;
else
    delete Index[KeywordIndex]
end
```

6. 检索 Search

该函数只能由合同起草方或集中授权的用户执行。用户通过加密关键字索引 KeywordIndex 进行检索，函数返回交易列表 TxID 和相关联的关键字列表 Index。当检索发起方为授权用户时，索前需核对用户余额 $msg.value 是否足以支付本次检索，并于检索成功后将检索费用 $cost 从用户钱包中扣除。

- 输入：加密关键字索引 KeywordIndex。
- 输出：检索结果 SearchResult。

```
Search(KeywordIndex)
if tx.origin is not DataOwner or AuthorizedUsers
    then
    throw;
end
get Index[KeywordIndex] array' s length len;
if tx.origin is not DataOwner and $msg.value >= $cost then
    if len = 0 then
        send $msg.value to msg.sender;
        SearchResult ⇐ null;
    else
        send $cost to dataSharing contract address;
        send $msg.value - $cost to msg.sender;
        SearchResult ⇐ Index[KeywordIndex];
```

```
    end
else
    searchResult ⇐ Index[KeywordIndex];
end
    return searchResult;
```

7. 撤销 Withdraw

只有合同起草方有权限执行该函数。执行此函数后，数据所有者 DO 将合同相关的检索费用返还给用户。

- ❑ 输入：null。
- ❑ 输出：null。

```
Withdraw( )
if msg.sender is not DataOwner then
    throw;
end
if contract's balance > 0 then
    send contract's balance to msg.sender;
end
```

8. 发送合同元数据给指定用户

只有合同起草方有权限执行该函数。将合同元数据加密后发送给指定用户。

- ❑ 输入：接收方地址 UserAddress，合同元数据 ContractMetadata。
- ❑ 输出：发送成功返回 true，否则返回 false。

```
SendContract(UserAddress, ContractMetadata)
if msg.sender is not DataOwner then
    throw;
end
if UserAddress has not existed then
    return false;
else
    CryptContractMetadata ⇐ encrypt ContractMetadata with
     UserAddress.PublicKey;
    send CryptContractMetadata to UserAddress;
    return true;
end
```

9. 接收合同元数据 ReceiveContract

该函数只能由合同接收方执行，用于读取合同元数据。接收成功后，数据使用者 DU 也可以在本地调取合同数据，而其他人无法查看该过程。

- 输入：null。
- 输出：接收成功返回 true，否则返回 false。

```
ReceiveContract( )
if msg.sender is not dataUser then
    throw;
end
ContractMetadata ⇐ decrypt CryptContractMetadata with dataUser.PrivateKey;
if ContractMetadata is true then
    return true;
else
    return false;
end
```

10. 数据查验 DataSearch

只有合同接收方有权限执行该函数。通过加密关键字索引 KeywordIndex 调用 Search 函数，获取并存储检索结果至合同接收方的智能合约中。

- 输入：KeywordIndex。
- 输出：null。

```
DataSearch(KeywordIndex)
if msg.sender is not dataUser then
    throw;
end
    call dataSharing contract’s search(KeywordIndex);
    save search result to struct searchResult;
end
```

11. 价值存入 Deposit

该函数用于将供数据共享及检索消耗的价值存入账户钱包。

- 输入：存入金额 Value
- 输出：null

```
Deposit(Value)
if msg.value not equals deposite value then
    throw;
end
    send $value to dataUser contract address;
end
```

4.5.4 基于区块链的云端数据安全共享协议

在云端共享合同文件时，如何保证合同数据不被泄露是关键性问题。本章使用了一种基于区块链的云端数据安全共享协议，利用代理重加密进行密码转换，让数据所有者能够在不暴露原始密钥的情况下将其加密数据共享给其他用户，具有很高的保密性。

假设数据所有者 DO 向数据使用者 DU 共享数据。在上传数据至云端之前，DO 首先对数据进行加密生成数据密文，该密文将通过公共信道传输，而用于加 / 解密的密钥 S 则通过安全信道传输；当 DU 发出共享请求时，DO 将 S 用 DU 的公钥加密后发送给 DU；DU 收到后通过其私钥解密以获得 S，再利用 S 解密数据密文最终获得共享的数据。在实际应用中，用于密文存储的云节点不是完全可靠的，因此存储的保密性完全由数据存储位置的随机性来确保（比如 4.5.2 节中提到的文件存储策略）。这些位置信息最初被记录在元数据中，由 DO 所有；而在数据共享后，相应的位置信息被发送给 DU，它们就不再安全了。另一方面，在数据传输过程中，DO 不希望将用于文件加密的原始密钥 S 直接暴露给网络中的其他用户。基于这些需求，参考文献 [20] 设计了一种密钥转换和密文恢复机制。在这个机制中，数据所有者在共享数据时仅需提供数据位置和新设置的解密密钥；数据接收者从相应位置下载更新的密文后自行解密。步骤如下：

（1）令原始加密 / 解密密钥为 S，由 S 生成随机对称密钥 S'；

（2）结合 S 和 S' 来创建转换规则 K；

（3）将数据共享请求发送到数据存储节点 N_1，N_1 根据 K 执行密文转换；

（4）N_1 将转换后的密文传输到另一节点 N_2，N_2 由数据所有者选择；

（5）DO 将 S' 以及 N_2 的位置发送给 DU；

（6）DU 从节点 N_2 下载更新的密文，并用 S' 解密。

这种机制让 DO 在数据共享时用 S' 取代了原始密钥 S，用节点 N_2 取代了 S 的原始位置，有效隐藏了原始密钥及密文的存储位置。整个过程在服务器上执行，无需密文下载、重新解密和重新上传。由于选择了代理重加密技术作为密码转换规则 K，可以在不泄露有关密钥或明文任何信息的情况下，通过半可信代理将 DO 的密文转化为具有相同明文的 DU 的密文。如图 4-9 所示，在传统的云服务中，DO 利用自己的公钥 P_a 加密数据后上传至云端，因此云服务提供商对其明文一无所知。当 DO 请求与 DU 共享她的数据时，她将她的私钥和 DU 的公钥 P_b 组合在一起生成转换密钥 R_k 并将其发送给云服务提供商；作为代理，云服务提供商将对 R_k 执行重新加密。因此，DU 可以很容易地从云端获取重新加密的密文并通过他自己的私钥解密。假设 N_2 为代理，DO 的加密 / 解密密钥为 S。DO 不需要向 DU 请求 S'，而是自己由 S 生成 S'，并将 S' 发送给 DU；然后利用 S 和 S' 计算 R_k，并将 R_k 发送给云服务提供商。显然，此过程满足不可逆性：拥有随机对称密钥 S' 的用户即使知道所有变换的密文，也不能计算原始密钥 S。同时，即使他知道所有先前的和已转换的密文，执行 K 的节点也无法计算出原始密钥 S。

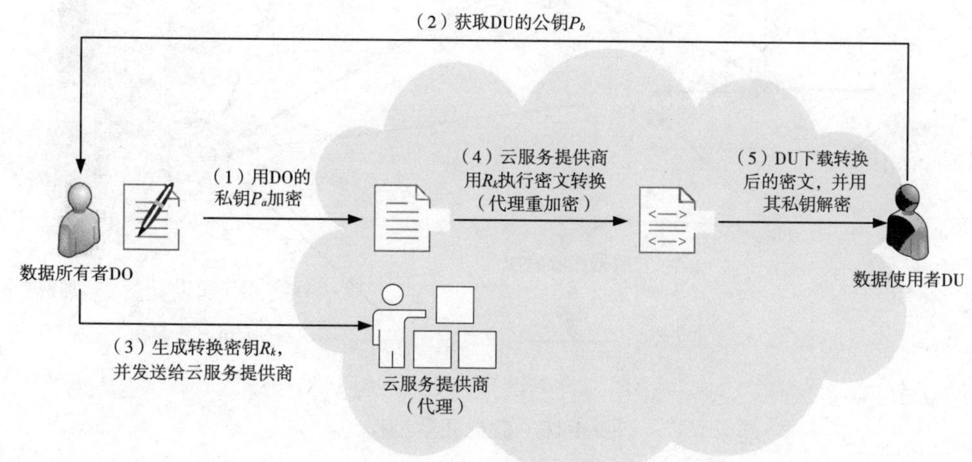

图 4-9　云上的代理重加密技术

在实际使用中，代理重加密可以有效地重新加密对称密钥，但缺陷在于无法对实际的对称密钥对进行更新。因此，需要调整代理重加密方案，使它能够满足实际需求。如图 4-10 所示，最终的数据共享过程为[20]：

（1）用户使用私钥对元数据解密以获得解密密钥 S 以及数据存储位置 N_1；

（2）随机生成对称密钥 S'，并利用 S 和 S' 生成加密密钥 K；

（3）将 K 发送到节点 N_1 并让 N_1 对 K 执行重加密；

（4）N_1 将变换后的密文发送到数据共享节点 N_2，N_2 由数据所有者随机选择；

（5）DO 通过安全通道将 S' 以及 N_2 的位置共享给 DU；

（6）DU 从数据共享节点 N_2 下载更新的密文，并用 S' 解密。

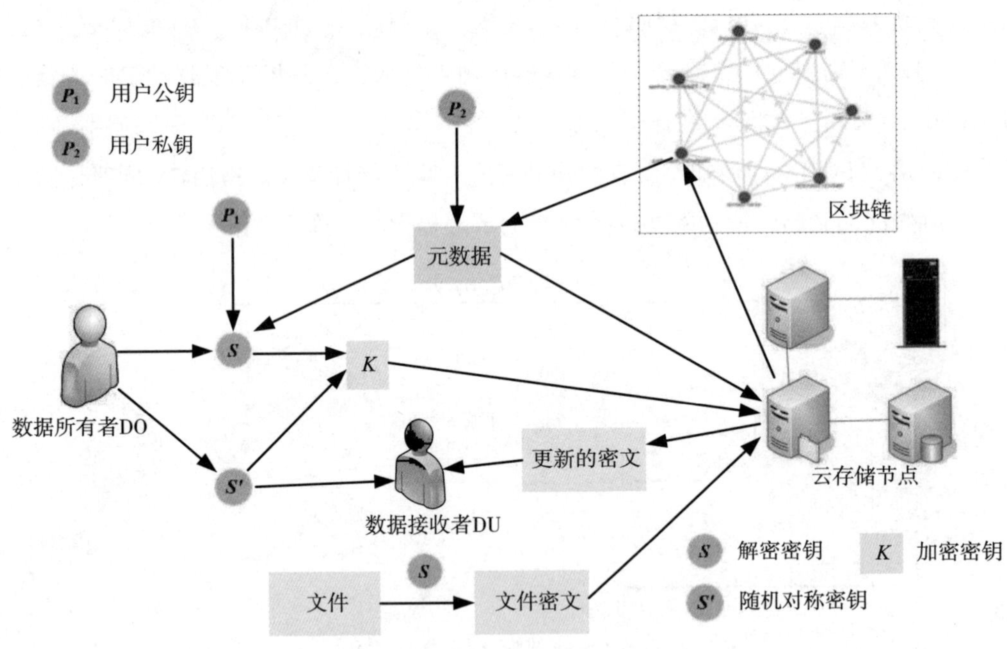

图 4-10　数据共享过程

4.6 结束语

本章从电力行业出发，分析了电子合同在电改环境下的市场需求，罗列了电子合同相比传统纸质合同的优势，以及目前电子合同存在的易灭失、可随意复制、可能被篡改、取证流程复杂、隐私保护不够的问题。区块链的自有特性决定了其在电子存证上有着得天独厚的优势，是解决电子合同应用痛点的良好选择，目前已被部分银行、司法机构、电子数据服务平台所采用。本章介绍并分析了业界的区块链合同存证案例，并提出了购售电云合同的区块链解决方案，介绍了业务流程和主要功能，并对合同数据的接入及保全方式、区块链 + 云的存储架构、数据交互智能合约及云端数据安全共享协议等关键技术和方法进行了系统性描述。本章提出的方案在技术上具备通用性，除了电力行业，也可用于其他行业的电子合同及电子文件的存证。值得一提的是，虽然已有司法机构采信了区块链上的数据并用作裁决依据，但区块链在电子合同领域的应用还处于初级阶段，并未形成规模。笔者认为，不同存证链的数据如何互联互通互认、如何形成统一的行业标准及具备相应的法律效应、如何让大众接受并承认区块链的公信力，是今后区块链电子合同发展的三个关键性问题。

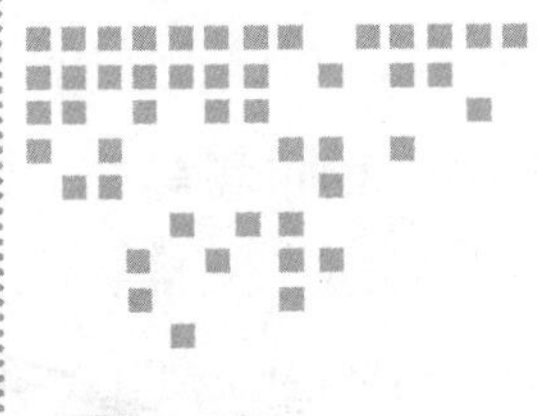

Chapter 5

第 5 章

基于区块链的供应链管理

5.1 背景与现状

5.1.1 供应链管理与区块链

自 20 世纪 70 年代以来，社会生产分工开始从企业内向企业间转变，生产分工的模式也发生了显著变化。在这种转变下，迫切需要整个生产过程中的龙头企业对其他企业进行相互协调，这就产生了由核心企业、上下游供应商、经销商构成的供应链。供应链管理（Supply Chain Management, SCM）是指通过由需方向供方流动的前馈信息流（如订货合同、加工单、采购单等）和由供方向需方流动的反馈物料流及信息流（如提货单、入库单、完工报告等），将供应商、制造商、分销商、零售商直到终端用户连成一个整体的模式[⊖]。从物流和信息流的观点出发，供应链可以被定义为一个整合的过程，该过程中不同的组织实体，即供应商、生产制造商、分销商、零售商和最终用户协调执行三种主要活动：物料购买活动、物料转化活动及与库存管理和成品运输模式有关的后勤活

⊖ 参见马士华、王一凡、林勇合著的文章《供应链管理对传统制造模式的挑战》，发表于《华中科技大学学报》(社会科学版)，1998(2):66-68。

动。另一方面，从买卖关系角度出发，供应链可被认为是组织之间的一系列交易活动构成的交易关系，并且这种交易关系将最终增值于产品与服务。一般来说，供应链管理都围绕某个核心企业进行，这个核心企业可以是制造商，也可以是零售商，因此供应链管理也被分为生产供应链管理和消费供应链管理两种。生产供应链更贴近供应链前端的生产者，而消费供应链更贴近供应链后端的消费者，两者在管理模式上有较大不同。

在过去的 40 年中，供应链管理技术从最初的物料需求计划（MRP）发展到制造资源计划（MRP II），再到企业资源计划（ERP），最后发展到先进的高级计划与优化（APS/APO）系统。其中，ERP 对供应链的影响最为重大，几乎所有大型的制造商和零售商都运行着自己的 ERP 供应链管理软件 [16]。比如戴尔、沃尔玛、海尔等行业巨头都借助成功的供应链管理扩大竞争优势，并将供应链管理作为核心竞争力之一。然而，21 世纪的竞争不再是单个企业之间的竞争，而是供应链之间的竞争。产业互联网的发展使得供应链管理的结构扩展到了产业集群，尤其是以互联网为技术手段的虚拟产业集群。这种合作既包括了上下游不同环节的垂直合作，也包括了同类环节之间的横向合作，以及跨地区、跨行业的斜向合作。供应链结构趋向于松耦合但又高度组织化的网状结构。ERP 虽然对组织内部的资源进行了整合和集成管理，优化了组织内部的运营方式，却很难将不同的组织连接起来，也没能在供应链的合作伙伴和利益相关者之间建立联系。现代供应链上的企业数量众多，供应链结构复杂，供应链联盟中不同主体间的交互频繁，供应链流程出现多维、复杂的交织过程，这都对供应链信息系统提出了更高的要求。现代供应链存在的主要问题和基于区块链的解决思路如下。

1. 信息孤岛现象普遍存在

如前所述，每个企业都维护着自己的 ERP 系统，供应链信息被隔离在不同企业内部，无法有效交互和共享，其真实性也得不到保障。由于供应商、制造商、经销商和顾客之间无法有效地共享信息，供求信息常常会被扭曲并逐级放大，导致需求信息出现越来越大的波动，这就造成了典型的供应链上的“牛鞭效应”⊖。由于存在多层级的供应链上信息传递，牛鞭效应无法消除，这就不可避免地增加了供应链成本，降低了供应链

⊖ 参见由刘丽静、沈玲合著的《基于区块链技术的供应链应用场景分析》，发表于《科技文档》，2017(23)。

效率。借助区块链技术，让供应链上的各参与主体组成联盟链，可以将不同企业的 ERP 系统整合在一起，主数据在链上共享，形成跨合作伙伴和利益相关者的集成平台。这样就可以保证共享数据的真实性、跨企业数据的一致性和信息传递的准确性，还能对扩展 ERP 网络内发生的交易进行跟踪审计，提高供应链的运营效率。

2. 信息不对称导致供应链信任危机

有研究表明，供应链信息透明度低会导致供应链上各参与主体难以相互信任，阻碍真实产品信息的流通，从而影响供应链整体决策效率和效果；供应链交易信息的可靠性过低会导致金融机构难以精准评估企业信用风险，从而阻碍供应链上中小型企业获取资金支持；产品生产流通信息缺失会导致政府监管部门在解决供应链主体纠纷和维护消费者权益时耗费大量的人力、物力进行举证和追责，最终导致举证时间长、信息可靠性差、供应链监管困难重重[23]。供应链上下游企业之间的信息不对称，沟通不畅，业务活动协调困难，导致成本高且可控性差，难以形成协调发展的有机体，降低了供应链效率，阻碍了经济市场的健康发展。区块链技术是解决信任危机的良方。通过区块链的分布式账本技术，让供应链上的各参与方共同维护数据，增强供应链信息的透明度，构建互信互利的供应链商业环境。当某个公司要寻找新的供应商时，可以通过区块链查看真实的历史记录，找到理想的合作伙伴；透明的供需信息也能帮助制造商更好地预测市场，做出明智的决策。

3. 产品质量出现问题时溯源困难

市场中假冒伪劣商品层出不穷，产品质量问题频繁出现，而一旦出现问题，很难查清源头。2013 年 1 月，在欧洲某些国家的部分牛肉制品中发现了马肉，当时马肉的价格只是牛肉的三分之一左右，有些供应商就以马肉充牛肉，来获得更高利润。而欧盟的食品生产链条十分复杂，很难说清到底在哪一个环节出了问题。几乎所有的供应商和生产商都在竭力地撇清自己的责任，将过错推给上游或下游企业的供应商，声称自身是受害者，严重地扰乱了市场秩序。要想杜绝假冒伪劣商品的存在，保证产品质量，保障顾客权益，维护健康有序的竞争市场，各行各业都需要严格把控供应链上的每一个环节，创建全透明的、相互信任的、主动遵守契约的供应链。区块链结合物联网技术，可以在商品生产时就生成唯一的区块链身份并记录在链上，通过射频识别和传感器记录商品真实的生产和物流信息，做到每个环节可追溯，为供应链溯源提供技术保障，提升终端消费者的信心。

2017 年，国务院办公厅印发了《关于积极推进供应链创新与应用的指导意见》，提出要“研究利用区块链、人工智能等新兴技术，建立基于供应链的信用评价机制。推进各类供应链平台有机对接，加强对信用评级、信用记录、风险预警、违法失信行为等信息的披露和共享”。与此同时，各大零售平台、行业龙头也开始将区块链技术应用于供应链管理和治理。2017 年 6 月，京东宣布成立“京东品质溯源防伪联盟”，与农业部、国家质检总局、工信部、中国质量认证中心等部门一起，实现线上线下零售商品的防伪与追踪，保护品牌和消费者的权益，并对外开放区块链防伪追溯技术平台，向接入品牌商提供数据采集、数据整合、数据可信以及数据展示四个方面的技术支持。2017 年 12 月，沃尔玛与京东、IBM、清华大学共同成立安全食品区块链溯源联盟，通过区块链技术加强食品、可追溯性和安全性，提升中国食品供应链的透明度；同时，沃尔玛要求旗下山姆会员商店和沃尔玛超市的所有生鲜蔬菜供应商在 2019 年 9 月之前必须加入其区块链网络，实现端到端的食品追溯。2018 年 2 月，菜鸟与天猫国际共同宣布将启用区块链技术跟踪、上传、查证跨境进口商品的物流全链路信息，涵盖生产、运输、通关、报检、第三方检验等商品进口全流程，并在区块链上记录商品的原产国、启运国、装货港、运输方式、进口口岸、保税仓检验检疫单号等信息，防止数据造假。无独有偶，法国汽车制造商雷诺也已经在使用 Microsoft Azure 的区块链解决方案来管理汽车所有权和维修历史，并简化新车型的发布流程。通常情况下，只有维修店、保险公司和经销商才了解汽车的维修记录，这使得设备制造商难以对现有车型加以改良。在产品召回时，制造商只能依赖经销商来获取客户信息。区块链可以解决这些问题，让制造商将改进的设计快速地推向市场，并对他们产品的使用情况进行跟踪。

目前国内外都在研究如何将区块链技术应用到供应链管理创新中。Sara Saberi 等人 [21] 认为区块链和智能合约可以缓解全球性的供应链管理问题，研究了可能的应用场景和潜在的障碍；Zhimin Gao 等人 [22] 提出了名为 CoC 的统一分布式账本技术，以高效的存储和安全的信息保护方式来满足日趋复杂的供应链管理要求；杨慧琴等人 [23] 建立了以区块链技术为核心的供应链信息平台，探讨了区块链智能合约在供应链上的应用，并以汽车供应链为应用场景，分析了区块链技术在供应链信息系统中的适用性及优越性；Abeyratne 和 Monfared[24] 利用区块链技术构建了制造业供应链管理的概念模型，并基于纸盒供应链管理场景阐述区块链各节点权限和作用；Weber 等人 [25] 设计了自带翻译器的智能合约，利用区块链的基础设施通过触发器连接智能合约，搭建了一个新的去中心化信任的新型供应链协作流程模型；Rerjers 和 Coeckelbergh[26] 提出区块链技术能够提高药品供应链的检验速度和可靠性；Tian Feng[27] 利用 RFID 和区块链技术构建了针对中国农产品供应链的可溯源系统，保证了农产品的可追溯性、可靠性、防伪性和信息时效性。

5.1.2 供应链金融与区块链

20 世纪末，核心企业和金融机构在整合供应链中的物流和信息流时，开始逐渐关注供应链上的资金流管理过程，供应链金融（Supply Chain Finance, SCF）这种创新的金融模式应运而生。供应链金融㊀是指将供应链上的核心企业以及与其相关的上下游企业看作一个整体，以核心企业为依托，以真实贸易为前提，运用自偿性贸易融资的方式，对供应链上下游企业提供的综合性金融产品和服务。供应链金融的参与主体主要有四个：以大型生产商、制造商为代表的行业龙头 / 核心企业；以商业银行、保理 / 再保理商、信托公司为代表的资金供给端；由供应链上的多级供应商、销售商组成的中小微企业；以物流公司、信息化服务商、金融科技公司为代表的供应链金融服务提供商。供应链金融的实质就是借助核心企业信用提升供应链上中小微企业的信用，通过融入供应链的产、供、销各个环节，帮助企业盘活流动资产，从而解决其融资问题。简单来说，供应链金融主要解决的是银行、核心企业、上下游企业（包括一、二级供应商和经销商）之间如何高效、低成本地融资和借贷，从而提升各自行业市场的竞争力。

根据国外研究机构 Demica 统计的数据，从 2011 年到 2013 年，国际银行供应链金融业务的年增长率为 30% ~ 40%；在 2020 年之前，供应链金融业务的年增长速度都将不会低于 10%。在我国，供应链金融的发展也非常迅速。据前瞻产业研究院供应链金融行业报告数据显示，到 2020 年，我国供应链金融的市场规模可达 14.98 万亿元左右。

㊀ 参见由冯橙、何阳合著的《从十大热词看金融科技新风口》，发表于《人民邮电报》，2019.02。

由此可见，供应链金融已成为目前企业变革发展的又一重要趋势。2016 年 2 月，人民银行等八部委印发《关于金融支持工业稳增长调结构增效益的若干意见》提出推动更多供应链加入应收账款质押融资服务平台，大力发展应收账款融资，推动工业企业融资机制创新；2017 年 3 月，中国人民银行、工业和信息化部、银监会、证监会、保监会五部门联合发布《关于金融支持制造强国建设的指导意见》，提出稳步推进企业集团财务公司开展延伸产业链金融服务试点工作，通过“一头在外”的票据贴现业务和应收账款保理业务，促进降低产业链整体融资成本，更好地支持集团主业发展；同年 10 月，国务院办公厅印发《关于积极推进供应链创新与应用的指导意见》，提出鼓励商业银行、供应链核心企业等建立供应链金融服务平台，为供应链上下游中小微企业提供高效便捷的融资渠道。这些政策都释放出国家层面大力支持供应链金融健康发展的积极信号，可见供应链金融大有可为。

一般来说，供应链金融经历了三个发展阶段，如图 5-1 所示。

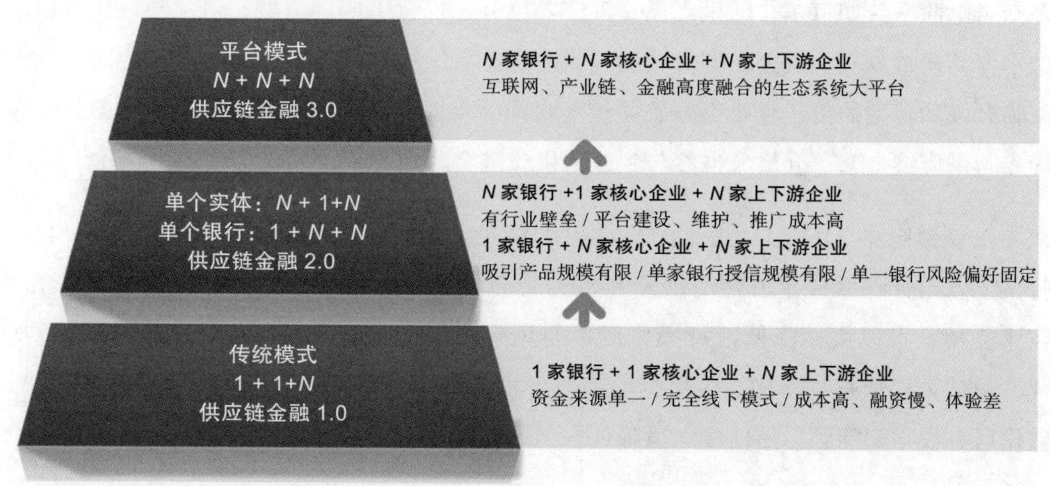

图 5-1 供应链金融的发展趋势

最初的供应链金融 1.0 模式以人工授信审批为主，其模式被笼统称为 1+1+*N*。两个“1”分别表示一家银行、一家核心企业，*N* 代表供应链上下游的多家中小微企业。在这个阶段，银行根据核心企业的信用支撑，完成对上下游中小微型企业的融资授信支持。这个阶段的缺点在于资金来源单一，完全线下模式，融资手续繁杂、缓慢，成本高，提交材料多，存在人工审核和手动操作的风险。

供应链金融 2.0 模式以银企直联为核心，核心企业采取自动化的 ERP 系统来管理供应链，以降低库存成本，及时响应客户需求。银行为了提高服务竞争力，与核心企业达成“银企直联”的协议，除了依托核心企业的信用对上下游中小微型企业授信外，还可以达到批量获客的目的。这个阶段的缺点在于银行对核心企业的信用是建立在 ERP 系统内交易数据的真实性上，而交易数据的真实性又取决于 ERP 软件供应商，即是否能利用高新技术生产出数据难篡改的 ERP 软件，因此难以建立可靠的信任机制。同时，供应链金融 2.0 阶段还存在银行对核心企业依赖度较高，导致银行对上下游企业进行信用评估时易受核心企业影响；核心企业、银行和上下游供应商之间存在信息不对的问题。供应链金融 3.0 被称为平台模式，以信息流、资金流、物流高度融合的信息化平台为核心。据《2016 互联网 + 供应链金融研究报告》分析，供应链金融 3.0 将呈现线上化、垂直化、细分化、平台化、生态化的特点，互联网 + 供应链的模式将越来越普遍。国内很多知名电商平台如京东、阿里巴巴、苏宁等已开始探索供应链金融，着手建设供应链金融平台，通过成立小贷公司等方式参与供应链金融，构建自己的供应链金融生态。众多面临升级和转型的传统企业也开始关注互联网 + 供应链金融。海尔集团成立海融易，布局参与供应链金融；五粮液也参与到医药供应链金融中。

供应链金融 3.0 以“互联网 +”的思维模式，鼓舞银行不断创新、改革商业模式，打破二八定律，服务于占整个供应链 80% 体量的中小微型企业。由于有先进的互联网技术支持，可以大幅降低银行操作成本与风险管控成本。然而，在供应链金融 3.0 时代，虽然可以依托物联网、大数据等新技术进行供应链金融管理，但仍存在数据孤岛、数据所有权错配问题。信任成本虽降低，但不能最小化、信息不对等的问题依然存在。

自供应链金融的概念诞生以来，国内已经推行了几十年供应链金融，运作模式也从最开始的人工授信方式到了现在的“互联网 + 供应链”模式。然而，我国目前供应链金融体系中的主要融资模式仍是以中小企业的预付账款、存货等低坏账风险的流动资产为抵押物向银行等金融机构请求贷款，而非银行主动授信。据统计数据显示，预付类融资和存货类融资约占供应链金融产品的 75%，而在供应链中占比巨大的应收账款仅为 25%。由此可见金融机构还是局限于抵押贷款的思想，难以接受以具有自偿性贸易进行授信的融资方式，这导致中小企业的资金压力仍然得不到释放。从供应链金融的业务逻辑来看，导致此局面的原因主要有两个：一是，由于供应链上下游的信息不对称，核心企业很难对供应链上下游企业的各种经营数据、历史信用情况、财务状况进行有效整合，商业银行也需要耗费大量的人力、物力对企业进行精准评级，资金流向难以被动态把控，从而导致供应链金融业务的风险较高；二是，商业银行制定融资业务在流程上往往存在一系列的问题，很难保障信息的有效传递。操作流程不规范、过程不透明，更是加剧了风险。目前存在的主要问题和基于区块链的解决思路如下：

1. 供应链上的中小微企业融资难

因为金融机构只信赖核心企业的销售调节和控货能力，所以出于风控的考虑，仅愿意对与核心企业有直接应付账款关系的上游一级供应商和下游一级经销商提供对应的保理业务和预付款或存货融资，即核心企业的信用难以多级、跨级传导。这就导致了有巨大融资需求的二级、三级等供应商 / 经销商的需求得不到满足，很难获得优质贷款，甚至被迫付出高于市场利息来获得流动资金。而区块链能利用分布式账本拉通多方数据共享，形成天然信任环境，基于自信任的贸易背景增强核心企业信用传递链条。

2. 存在信息孤岛，“四流”数据难以真实、完整地共享

供应链上下游的信息不对称，具体体现在融资企业的资信状况的评价以及资金流向、经营性回款等情况上。核心企业与银行很难将中小企业的经营数据、存货情况、历史信用状况、财务状况等信息进行有效整合，导致银行不能做出精准评级与有效授信。而区块链是一个可供多方参与者共同接入的数据闭环，在区块链隐私保护机制下，可以选择对特定机构进行敏感数据共享，兼顾“商流、物流、资金流、信息流”的有效共享与安全性。

3. 资金端风控成本高

当前中小企业与核心企业之间的贸易合约，以及与银行等金融机构的信贷合约，都出于契约精神，易出现赖账、恶意违约等操作风险。银行需要投入大量的人力、物力进行授信事前调研与审核、事中放贷处理、事后的还贷履约监控。而基于区块链技术，贷

中贷后可以不需要以金融机构为中心进行集中管理；智能合约可通过融资过程中的各种合约实现数字化并且自动执行，大大提升了履约效率，有效管控了违约风险、降低了风控成本。

4. 融资工具流通难度大

当前供应链金融中，企业的应收应付账款、预收预付账款、固定资产、存货等很难完全拆分与流转。例如，保理业务的核心在于应收账款转让，即债权的转让。银行汇票、商业汇票作为主要转让媒介，其兑付的有效性受制于企业的实力和信誉，且贴现时间、转让背书详细路径、拆分合法性难以把控。银行方非常重视《应收账款转让通知书》的法律效力，最好由保理商和保理申请人一同赴债务人营业地发送且需要签回，寄送需要强监管，显然线下签署操作难度极大。而区块链能让应收账款以数字债权的形式在链上流通、拆分和兑付，保理等合同的签署、存证也可以在线上完成，能极大提高融资工具的流动性。

5. 供应链系统中信息的透明度低，供应链金融平台 / 核心企业系统难以自证清白

“互联网 +”的供应链金融平台的信息集成于核心企业等各方的 ERP 系统中，具有电子数据的中心化可篡改且无痕、无可信审计等特性，存在商商勾结数据造假风险，系统本身无法对购销交易自证清白，也无法证明中小企业的还款能力。而区块链可以对购销合同、保理合同、债权转让交易过程进行存证，不可篡改，可全流程追溯与审计。

正是由于区块链技术可以保障链上数据不可篡改与可追溯，可帮助建立多方信任环境，2018 年 5 月商务部、财政部联合发布《关于开展 2018 年流通领域现代供应链体系建设的通知》，提出要推动区块链技术与供应链金融的融合，发挥供应链对优化生产、加快周转、精准销售、品质控制、决策管理等的作用。2018 年 4 月，京东金融和中国信通院云计算机大数据所联合发布《区块链金融应用白皮书》，指出区块链在金融领域的 10 大应用场景，包括资产证券化、保险、供应链金融、海外市场、资产托管、大宗商品交易、风险信息共享机制、贸易融资、银团贷款、股权交易交割。在国内，已有多家银行、行业龙头企业、金融信息服务平台、金融科技公司、信息化服务商、基础设施服务商开始布局区块链技术，详见图 5-2。

图 5-2　供应链金融全景图（改编自《2017 中国供应链金融调研报告》⊖ ）

5.2　区块链技术与供应链的匹配度分析

区块链能够实现信息的有效存储和传递，具有公开透明、不可篡改的特性。供应链的各方参与者不独自拥有数据账本的所有权，不能按照自己的意愿来操控生产、经营、仓储、物流等过程中产生的信息和数据。分布式账本可以记录商品生产过程中全生命周期的数据，使得企业可以通过区块链对商品生产的产业全链条过程的信息进行全程溯源。分布式账本数据的不可篡改性增加了生产数据的可信性，使得产业链中的中小企业依靠数据征信成为可能，由此推动供应链金融由抵押贷款模式向自偿性贸易授信融资模式转变。区块链技术与供应链的匹配度分析如下：

1. 分布式账本拉通多方数据共享，形成天然信任环境

在传统模式下，供应链中各个参与方之间的信息相互割裂，无法共享，从而导致信

⊖ 参见万联供应链金融研究院、华夏邓白氏、中国人民大学中国供应链战略管理研究中心联合发布的《2017 中国供应链金融调研报告》，2017.06。

任无法传递。如果能将供应链上各参与方的ERP系统用区块链连接起来，那么区块链就可以充当通用数据库，从而拉通多方数据共享。具体可以将ERP系统中的主数据经过Hash计算形成唯一的区块链ID，所有的合作伙伴都可以轻松地访问这个ID，并经过授权获得ID所对应的ERP系统里的数据。通过这种方式，制造商生产的每个零件都与他的合作伙伴相关联，供应商的每一次采购、零售商的每一次交易都被记录在区块链上。当供应商想要寻找供货来源、消费者想查看商品轨迹、银行想要审计某个企业的信用状况时，都能通过区块链获得真实、有效的数据。

2. 多流数据整合上链，信任可沿供应链条有效传导

随着上下游企业链条不断增加、产品供应零碎化、采购物流地理分散化，导致供应链全链条的数据获取难度大；即便存在中心化的平台拥有数据资源（如京东、苏宁），也很难规避多方勾结作假、内部篡改数据等道德风险。而基于区块链的底层技术，贸易流中从链条初始端的材料采购，加工运输，到终端销售整个环节都可被记录，且生产过程，物流路径等细节也可溯源；从资金流层面来看，资金及资产端都备案绑定在区块链上，严格按照贸易环节中的收付款关系、凭证的记载操作，资金交易路径一目了然。所以区块链保证了整个产业链中信息流、资金流、贸易流、物流的多流合一，使整个生态更加透明，让信任沿供应链条有效传导。

3. 智能合约防范违约风险

由供应链上的参与方事先拟定智能合约并以代码形式写入区块链，一旦满足触发条件合约就自动执行，不受外界干扰和控制。在供应链管理中，如果以智能合约形式执行供应链合约，不仅可以节约人力成本、提高处理效率，还能建立互信互利的合作环境。例如，可以编写采购智能合约，每周期按照销售数额自动分配收益或补偿损失；可以编写货到付款智能合约，当收到货物时扫码入库以确认收货，实现自动结账付款；还可以编写会计审计智能合约，自动完成代理记账、代理报税、资产清算审计。通过区块链上的智能合约，贸易行为中交易双方或者多方即可如约履行自身的义务，使交易顺利可靠地进行下去，链条上的各方资金清算路径固化，可以有效防范违约风险。

4. 帮助中小企业融资，促进供应链金融发展

区块链技术的公开性、透明性能将核心企业信用传递给上下游供应商，缓解中小企业融资难、融资贵的问题，降低金融机构在开展供应链金融业务时的沟通成本，减少建立信任过程中需要的试探性交易，提高商业合作的效率（例如传统的尽职调查是需按照严格审批程序经历一层一层审批人；而在区块链中因为信息多方对等，贷前审查可以用少量的人工完成网络化追踪记录，贷中贷后不需要以金融机构为中心进行集中管理，对交易各方的数据交换也不需要第三方参与）；同时，资金方或投资方风险评估的成本降低，连锁反应随之降低了中小企业的融资成本；此外，智能合约的加持可以使得融资过程中的各种合约实现数字化并且自动执行，提升履约效率，管控违约风险。区块链技术与供应链金融匹配度示意如图 5-3 所示。

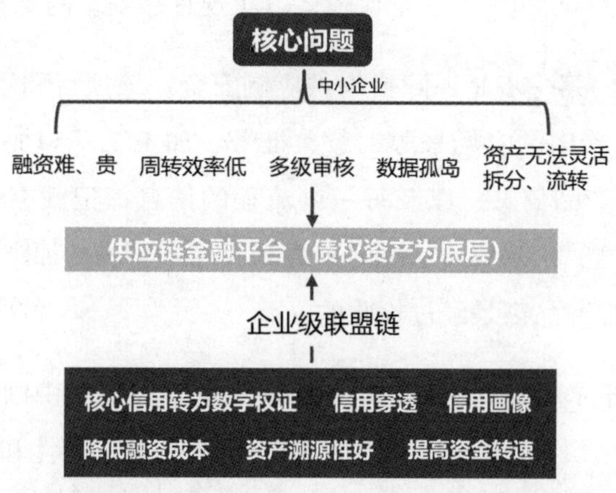

图 5-3 区块链技术与供应链金融的匹配度

5. 追踪问题源头，提高供应链安全

区块链技术有防篡改和数据实时共享的特点，能够提高信息记录可信度、增加监管透明度、降低监管成本。当商品发生质量问题时，利用区块链技术可溯源性可以快速找到问题源头。例如，利用区块链记录食品从生产到餐桌全工程中的详细信息，保证农产品的可追溯性、可靠性、防伪性和信息时效性，实现从供应、仓储、分销到最终零售端的透明化管理。一旦有涉及食品安全的事件发生，可以通过区块链快速准确地定位到问

题环节，明确责任主体，及时召回问题食品，遏制问题蔓延势头。此外，透明的信任环境也能让供应链上的各方共同监管商品的生产和流通，让不法分子无机可乘，实现监管自治。

5.3 区块链在供应链领域的应用案例

5.3.1 沃尔玛食品供应链

2017 年 8 月，零售商巨头沃尔玛与 IBM 共同宣布在美国市场建立食品安全协作联盟，携手开启全球区块链计划。该计划旨在利用区块链技术追踪食品供应链的每一个步骤、永久性记录每一个交易环节并且不能任意做修改的特点来替代传统纸质追踪和手动检查系统，增强食品真伪判断相关的安全保障，以实现食品安全的源头追踪与治理[⊖]。

全球区块链计划的第一步是保障猪肉供应链安全。该项目利用 IBM 的开源区块链技术 Hyperledger，将猪肉的农场来源细节、批号、加工工厂和加工数据、到期日、存储温度及运输细节等产品信息，以及每一个流程的信息都记载在安全的区块链数据库上。通过该项目的实施，沃尔玛可以随时查看其经销的猪肉的原产地以及每一笔中间交易的过程，以此来确保商品都是经过检验的。

2017 年 12 月，沃尔玛与京东、IBM、清华大学共同成立中国首个安全食品区块链溯源联盟，旨在通过区块链技术进一步加强食品追踪、可追溯性和安全性的合作，提升中国食品供应链的透明度。加入联盟的企业将能利用区块链分享信息，根据需求和已有体系选择最佳的食品追溯方式，帮助改进食品召回与验证等过程，加强消费者的信心。沃尔玛通过测试表明，通过应用区块链技术，追溯一袋杧果从农场到门店的过程从以往的几天甚至几星期缩短到了 2 秒。

2018 年 5 月，美国大肠杆菌爆发。虽然美国疾病控制中心警告消费者避免购买亚利桑那州尤马市（Yuma）种植的生菜，但沃尔玛食品安全副总裁 Frank Yiannas 指出，

⊖ 参见《沃尔玛携手 IBM 利用区块链技术追踪食品供应链》，网址为 http://www-31.ibm.com/ibm/cn/blockchain/case.html。

消费者很难确认产品的种植地点。在这个背景下，沃尔玛要求旗下山姆会员商店和沃尔玛超市的所有生鲜蔬菜供应商在 2019 年 9 月之前必须加入 IBM Food Trust 区块链网络，分两个阶段实现端到端的食品追溯。在第一阶段，直接供应商需在 2019 年 1 月底之前创建“一步追溯”功能（one-step back traceability）；第二阶段，所有拥有供应商的公司需在 2019 年 9 月底前垂直纳入 IBM 网络。

5.3.2　马士基跨境供应链解决方案

2017 年 3 月，运输物流行业巨头马士基和 IBM 共同宣布了一项新的合作，为全球跨境供应链提供区块链解决方案⊖。该方案基于 Hyperledger Fabric 构建，将端到端的供应链流程数字化供海运和物流行业使用，帮助企业管理和跟踪全球数千万个船运集装箱的书面记录，提高贸易伙伴之间的信息透明度并实现高度安全的信息共享。这可以将运输流程与合作伙伴进行整合，建立具有更高透明度且能进行可信访问的评估框架，从而推动实现可持续的运输，大规模应用后有望为该行业节省数十亿美元。

每年全球贸易当中，有大约 90% 的商品是通过海运方式运输的。IBM 和马士基计划与由货运公司、货运代理商、海运承运商、港口和海关当局构成物流网络合作，构建全球贸易数字化解决方案。通过一个与供应链生态系统参与方相连的数字基础架构或数据通道来实时交换原始供应链事件和文档，利用区块链技术在各方之间实现信息透明性，降低贸易成本和复杂性，帮助企业减少欺诈和错误，缩短产品在运输和海运过程中所花的时间，改善库存管理，最终减少浪费并降低成本。

5.3.3　Everledger 钻石认证

2015 年，Everledger 首次利用区块链全球数字账本技术追踪并认证钻石产地。Everledger 与包括钻石制造商和下游零售商在内的钻石供应链各方合作，在短短三年内认证了超过 200 万颗钻石的来源。

⊖ 参见《马士基和 IBM 推出首个基于区块链的行业级跨境供应链解决方案》，网址为 https://www.ibm.com/developerworks/community。

Everledger 于 2017 年启动了钻石生命周期（Diamond Time-Lapse）计划[⊖]，在区块链上记录并跟踪钻石从开采、加工、认证到买卖的整个生命周期，包括钻石的来源、切割和抛光的过程以及发放证书的实时数据。该项计划通过测量成品钻石上 40 个特征点的数据来生成一个钻石的"数字指纹"，再将信息上链，旨在帮助钻石供应链的各方（包括生产商、零售商和消费者）了解钻石的历史。如果用户对某颗钻石感兴趣，可以下载该钻石的生命周期报告（Diamond Time-Lapse report），查看它在各个环节的重量、颜色、透明度、等级、经手工匠、开采照片和抛光视频等信息，这些信息都是当初发生时记录在区块链上的实时数据，因此后期无法篡改和作假。所有钻石都有真实的流通记录，钻石来源的可信度都得到了保证。此外，Everledger 还将业务扩展到彩色宝石、矿产等其他珠宝，以及葡萄酒、奢侈品和艺术品的认证追踪，它们与钻石认证类似，都用到了区块链技术。

5.3.4 腾讯"微企链"

微企链平台[⊜]是由腾讯与联易融共同合作，运用腾讯区块链技术打造的供应链金融服务平台。微企链由供应链中的各方企业和金融机构组成，通过区块链真实、完整地记录基于核心企业应付账款的资产上链、流通、拆分和兑付全过程。在供应商登记原始资产上链时，微企链平台对应收账款进行审核校验与确权，以确保贸易关系是真实有效的，上链资产是真实可信的；利用区块链多方记录、不可篡改、不可抵赖、可以追溯的特点，微企链平台通过区块链记录应收账款的拆分和转让过程，并能追溯至登记上链的初始资产，实现核心企业对其多级供应商的信用穿透，降低小微企业的融资成本，盘活金融资源。

从技术上看，微企链主要有资产网关、中间账户、UTXO 模型、独立的资金清算节点、操作便捷的特点。首先，微企链设计了资产网关角色，用于解决链下资产与链上资产的对接问题。资产网关是一个审核和见证链下资产的第三方，负责在资产发行前联

⊖ Diamond Time-Lapse，https://diamonds.everledger.io/#diamond-time-lapse。

⊜ 参见中国信息通信研究院、腾讯金融科技等联合发布的《区块链与供应链金融白皮书——可信区块链推进计划》，2018.10。

合核心企业在链上做资产确权登记，确保供应商拿到的应收账款数字债权凭证是经过核心企业数字签名确认、真实可兑现的有效资产凭证。其次，在资产转让过程中采用了中间账户，当 A 向 B 转让数字资产时，先从 A 账户流转到一个 A、B 均可花费的中间账户 Mid(AB)，再被 B 签收。Mid(AB) 需要 A 和 B 的多重签名，由此保证资产转让是被 A 和 B 共同见证的。另外，微企链在区块链记账模型上采用 UTXO 模型而非账户模型，这是因为不同的数字债权凭证可能来自不同的核心企业，而 UTXO 模型具有一对多的映射能力。在兑付环节，微企链还设立独立的资金清算节点，借助财付通的资金清算能力在数字资产到期后直接在链上完成付款动作，实现快速兑付。同时，引入过桥基金秒级放款，真正实现"区块链技术能够帮助小微企业实时放款到账"的愿景，提升数字债权凭证的可用性。最后，微企链平台可在微信小程序或 PC 端完成业务操作，定向公开或上传融资所需的贸易背景信息，节省处理和审核大量纸质文件的时间。

5.3.5 京东"债转平台"

京东"债转平台"⊖是以供应链的应收账款融资为核心，将债权凭证保存在区块链上，帮助供应商盘活应收账款，降低融资成本，解决供应商对外支付及上游客户的融资需求。

首先，"债转平台"采用开放式的系统架构设计，让供应链上的核心企业及其多级供应商能够灵活对接。然后，根据核心企业与其供应商贸易关系中产生的应收账款池，结合风控模型为供应商核定可用融资额度。供应商根据其实际应付及采购需求，可签发不高于融资额度的债权凭证作为对该笔采购的支付信用凭证，凭证的信用背书及差额补足承诺由平台方提供。最后，收到凭证的企业可以选择到期兑付或融资申请，若其同样有应付及采购的需求，也可转让此凭证对应的应收账款以获得签发新凭证的额度，以此完成贸易中实际的采购支付，形成债权在供应链上的流转。京东"债转平台"利用区块链技术重构了传统供应链融资的结构方案，打造了全新的供应链金融服务模式，为中小企业提供了融资渠道，加强了中小企业的资金管理能力，满足了中小企业科技融入生产的需求。

⊖ 参见京东金融和中国信通院云计算和大数据所发布的《区块链金融应用白皮书》. 2018.4。

5.3.6 浙商银行“应收款链平台”

2017年8月，浙商银行联合趣链推出了基于区块链技术的企业“应收款链平台”[1]，用于办理供应链企业应收账款的签发、承兑、保兑、支付、转让、质押、兑付等业务。利用区块链的去中心化、分布式账本和智能合约等特性，“应收款链”将应收账款转化为电子支付结算和融资工具，企业可将报表中沉淀的应收账款改造为电子支付结算和融资工具，随时对外支付和融资。“应收款链平台”旨在帮助核心企业与上下游企业共同构建供应链商圈，实现圈内“无资金”交易，降低供应链的整体成本。

5.3.7 布比“壹诺金融”

“壹诺金融”[2]是布比基于区块链底层技术，自主开发并运营的“区块链+供应链”金融科技服务平台。该平台基于真实贸易背景及核心企业信用，为各参与方提供实名认证、资产管理、在线融资、资金管理等功能，释放、传递核心企业信用的同时打破信息不对称、降低信任成本及资金流转风险等问题，用区块链技术将企业“资产”转换为一种可拆分、可流转、可持有到期、可融资的区块链记账凭证。其主要功能包括实名验证、资产管理、在线融资、资金管控和账户系统五大类。

5.4 基于区块链的供应链管理方案设计

5.4.1 总体设计

如前所述，目前供应链上大部分企业还是依靠ERP进行供应链管理，每个企业维护自己的ERP系统，无法做到信息在供应链网络中的互联互通。通过区块链打通企业间的ERP系统，并保护商业数据在网络中传播的安全性和私密性，是用区块链优化供应链管理的核心思路。在这个基础之上，用智能合约提升供应链管理效率，防范违约风

[1] 参见趣链科技Hyperchain上的文章《趣链科技联手浙商银行推出业内首款区块链“应收款链平台”》（访问于2017.8）网址为 https://baijiahao.baidu.com/s?id=1575979093853213&wfr=spider&for=pc。

[2] 参见《壹诺供应链产品方案》，网址为 https://www.yinuojr.cn/product.html。

险，建立互信互赢的供应链环境。如图 5-4 所示给出了供应链管理的区块链解决方案的总体设计，它包括四个组成要素：第一个是供应链的各个参与主体，包括供应商、制造商、分销商、批发商、零售商、终端用户等；第二个是具备资质的第三方 CA 认证机构，为身份认证、电子合同认证提供法律支持和保障；第三个是标准化组织，为整个供应链管理平台的运营制定标准，如供应链贸易标准、区块链技术标准；第四个是监管方，包括工商、税务、质检等政府监管机构。在这里，应该还有第五个要素，即供应链管理平台的运营方。它可以是专门的区块链技术公司，也可以是核心企业（制造商或零售商），或两者的联合，因此不单独列出。如果供应链上有融资需求，就要在供应链参与主体中加入资金供给端（商业银行、保理商等金融机构），构成供应链金融。

围绕某个核心企业的供应链都有其特定的参与主体，主体身份需要经过认证才能加入（而不是任何人都能加入），信息通信也应该在供应链主体间进行，而不是公开的，因此采用联盟链的方式来构造区块链平台，对于每一个参与者来说，都要经过身份认证→数据上链→定制并签订智能合约→自动执行智能合约这个过程，最终完成供应链相关业务。

（1）**身份认证**：供应链上的各个参与主体构成联盟链，核心企业联合区块链技术公司负责联盟链的运营。当一个新用户加入联盟链时，首先需要经过第三方 CA 认证，并通过联盟链准许后才能加入。准许可以是由核心企业提供，也可以由供应链各参与方共同投票决定。新成员获得许可后，由运营方为其分配区块链身份和节点类型，自动生成公私钥，并获得相应的权限。

（2）**数据上链**：如图 5-4 所示，供应商、制造商、销售商相互之间发生交易时，将与合作企业相关联的主数据标准化后，从其 ERP 系统中抽离出来，并通过 Hash 计算保存到区块链上。这里的主数据包括三类，第一类是和交易相关的产品数据，如名称、型号、生产日期、价格、特征等；第二类是和交易相关的供应商数据，如供应商的名称、编号、区块链地址等；第三类是和交易相关的客户数据，如客户名称、编号、区块链地址等。这些主数据经过 Hash 运算后，形成唯一的区块链标识并被记录在区块链上。区块结构和形成过程如图 5-5 所示，Hash 计算的原理在这里不再赘述。需要注意的是，区块链上只有主数据的 Hash 地址，而不存储主数据本身。联盟链的成员虽然可以轻松访问这些地址，但无法随意查看这些地址所代表的实质性内容。主数据依然存储在各个企

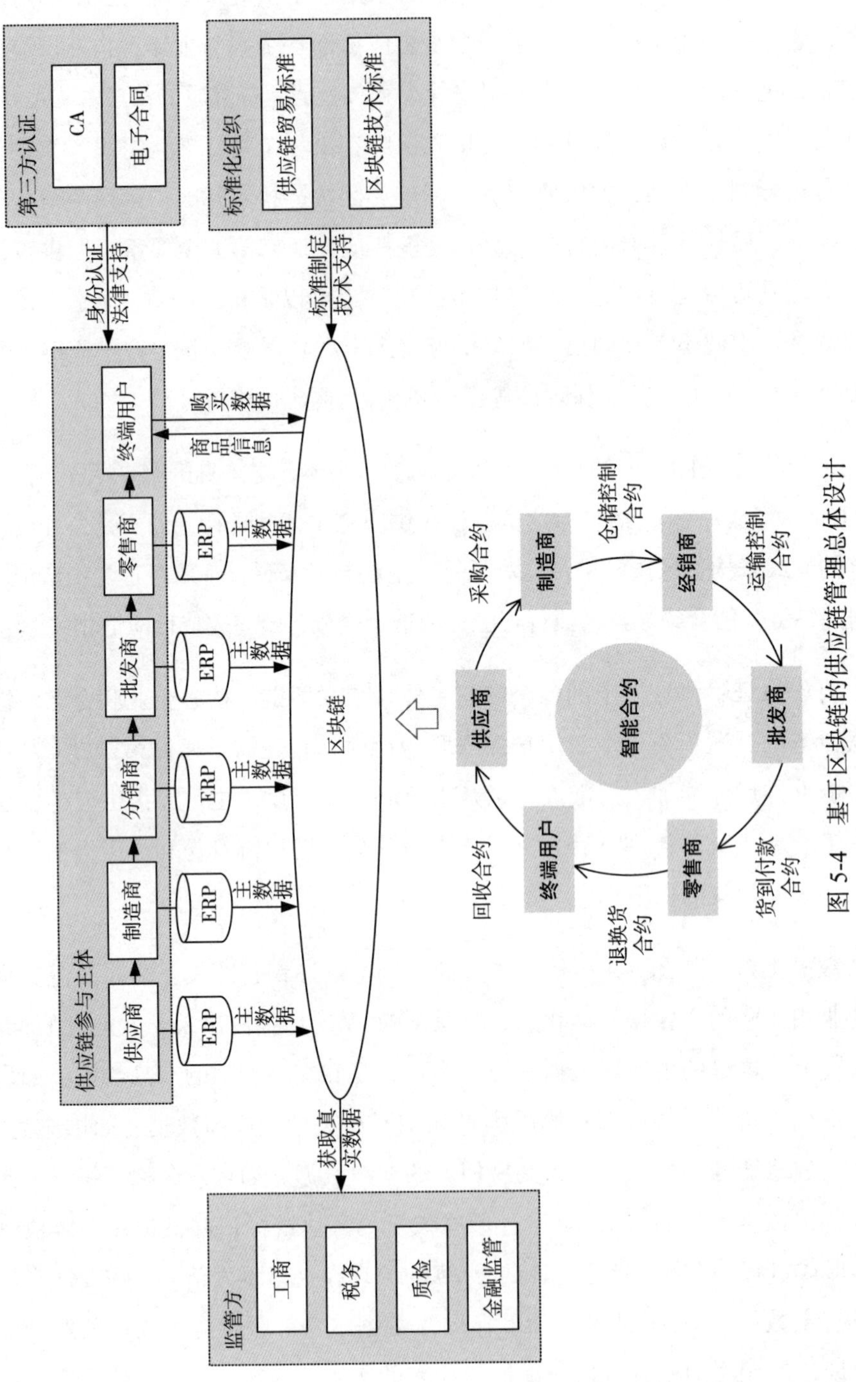

图 5-4 基于区块链的供应链管理总体设计

业的 ERP 系统中，只对特定权限的用户开放（可用智能合约自动授权）。但是，一旦用户通过区块链地址获取了这些数据，区块链可以保证他们看到的数据一定是原始的、未经修改的。

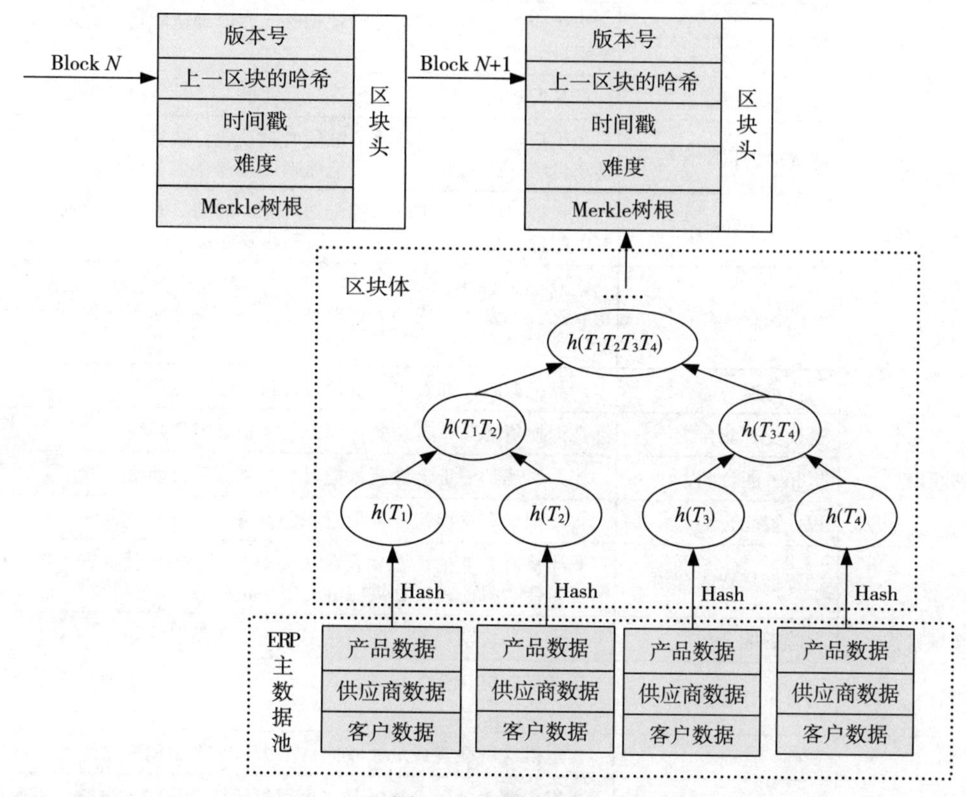

图 5-5　区块结构

（3）**智能合约**：用区块链保证数据的真实性只是第一步，智能合约才是优化供应链管理的关键。由于有真实数据作支撑，规则的制定也变得轻松。可以把交易双方都认同的规则写成计算机代码，让其自动履行。现代供应链的业务众多，在很多环节都可以使用智能合约。例如，将定期采购的规则写入智能合约，按照真实发生的数据自动触发相关规则进行补偿或惩罚（本书第二章的购售电智能合约就是一个相关案例）；或者将物流的规则写入智能合约，在延迟配送或配送失败的情况下进行惩罚。如图 5-4 所示列举了各个环节可能发生的一些智能合约，参考文献 [23] 中也从合约主体的角度出发罗列了不同类型的智能合约（见表 5-1），值得参考。

表 5-1 供应链上的智能合约（有修改）

合约主体	合约类型	合约内容
供应链联盟成员	供应链采购智能合约	将供应链定期采购、回购、利润共享、数量折扣等采购合同嵌入平台后，系统每周期按照销售数额自动分配收益或补偿损失
	货到付款智能合约	当供应链下游收到货物时，扫码入库以确认收货，通过智能合约实现自动结算
	到货延迟智能合约	产品配送时，发生到货延迟时自动触发惩罚条约并补偿给另一方
	缺货损失智能合约	当供应链上游供应不足、缺货时自动履行缺货损失合约，上游自动赔付给下游或给予下次订单优惠
	运输控制智能合约	在运输过程中，实时监控配送问题、时间、路线等数据，如发生温度超标、配送超时等现象，自动触发惩罚
	仓储控制智能合约	在仓储过程中，实时监控产品出入库时间、仓库问题湿度、货物状态。如发生库内环境不符合要求、存储超时等现象，自动触发惩罚
	到货延迟智能合约	产品配送时，如发生送货延迟，自动触发惩罚
终端用户	退换货智能合约	在退换货环节，自动实现商家与消费者财货两清
	折扣智能合约	当购买达到一定金额或数额时，在结算时自动给予折扣
	积分智能合约	自动记录和兑换积分，促进积分价值流通
金融机构	融资借贷智能合约	利用核心企业信用实现仓单质押融资、应收账款融资、票据托管贴现等金融服务，帮助供应链上中小企业融资
	保险智能合约	实现产品自动理赔、到货延迟赔付、正品保障等
	会计审计智能合约	实现供应链企业的代理记账、代理报税、报表审计、资产清算的智能合约
监管机构	税收智能合约	实现供应链联盟成员税收的自动缴付，规避偷税漏税行为
	商品质检智能合约	当供应链出现不合格产品，可通过智能合约找出根源，实现自动处罚
	货运违章智能合约	当供应链运输过程出现违章违规，可通过货运违章智能合约实现自动处罚

5.4.2 业务设计

供应链不是一个单一的系统，而是经历了从原材料开始，到制造出中间产品、加工成最终产品，并由销售网络（分销、批发、零售）通过仓储、物流把产品送到终端用户手中的过程，并将供应商、制造商、分销商、批发商、零售商直到终端用户连成一个整体的功能网链结构。一个基本的供应链业务流程和数据流向如图 5-6 所示，其中物资流由供应商经历制造商和销售网络流向终端用户，资金流由终端用户流向供应商，商流、信息流则在供应链网络中双向流动。在这个链条中，供应链管理是指围绕核心企业对计划、采购、制造、配送、客户服务等活动进行优化和改进，通过企业间的协作，谋求供应链整体最佳化。

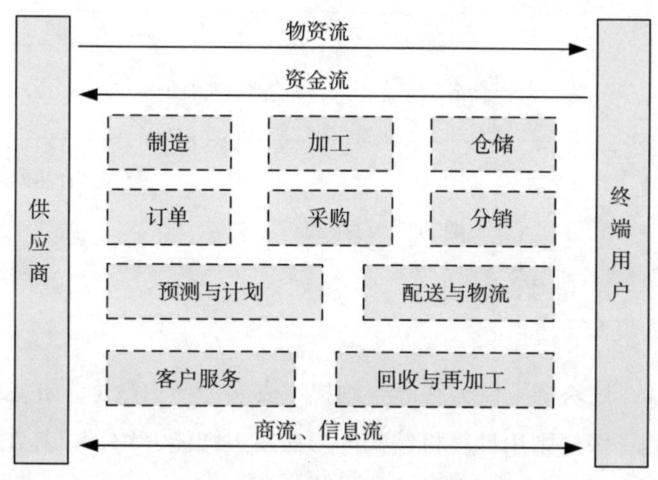

图 5-6　供应链业务的基本流程和数据流向

供应链管理涉及的业务众多，其中很多业务环节都可以用区块链技术进行优化。例如交易对手的身份识别、合作企业的信用评级、供应链风险的识别与管控、商品跟踪与溯源等。下面重点讨论几个典型的业务场景。

1. 订单履行

当消费者订购某个商品时，将由智能合约自动向销售方开放区块链访问权限，让零售商得以查看该消费者的历史消费数据。除此之外，零售商也可以通过区块链和物联网将真实的物流状态共享给消费者，通过提高信息透明度来加速供应链上的订单履行流程。图 5-7 给出了区块链在订单履行环节能够应用的业务流程（用阴影标注）。利用智能合约可以准确、安全地执行标识出的流程，不仅可以减少订单履行时可能出现的错误，还可以提升执行的效率。此外，由于区块链还能将数据安全地开放给相关联的其他区块链网络参与者，增强了订单履行过程的可见性，从而可以通过多方约束来规避订单履行错误的风险。

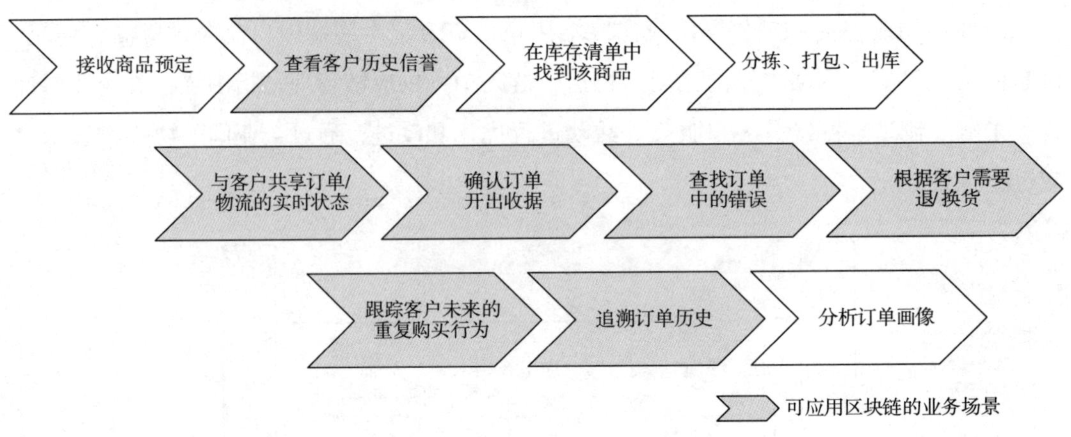

图 5-7 订单履行业务流

2. 信用评级

如图 5-8 所示，区块链可以为智能合约提供真实的历史数据，在这个基础上，可以将交易结算的信用评级规则用计算机编码的形式写入智能合约，让其在每次结算后自动履行并计算交易双方的信用积分，从而对风险进行识别与评估。例如，对未按时发货的企业，按照延迟天数进行相应惩罚；同样的，对未按时支付货款的企业或个人也可以按照拖欠天数进行惩罚；对信用良好的企业和个人按照如期履约天数进行加速上升的积分奖励等。由诸如此类规则计算供应链上企业和个人的信用评分，评价信用等级，生成用户信用画像。信用画像可以用于供应链主体寻找合作伙伴、贷款融资等金融活动，也将影响供应商的下一次供货、制造商的下一次采购、消费者的下一次交易，从而促进供应链主体自律，降低供应链风险，优化供应链流程。

3. 商品追溯

将射频识别、条码识别、视觉感知、特征识别等技术和区块链相结合，可以记录商品从原材料 / 零件生产、加工、物流、权属变更到报废、回收的全过程，并将当时发生的真实信息实时保存为图像、视频或结构化数据，打上时间戳记录到区块链上，形成按时间排序的事件链条。终端用户可以在区块链上查询购买商品的来源和历史轨迹，甄别假冒伪劣产品；当商品出现问题时，第三方监管机构也可以通过区块链追溯供应链的每个环节，还原事实真相，确定责任方。更有意义的是，真实的历史数据也可以让供应链的各个主体共同进行道德监督，实现自我约束和治理。利用区块链进行商品追溯的业务模型如图 5-9 所示。

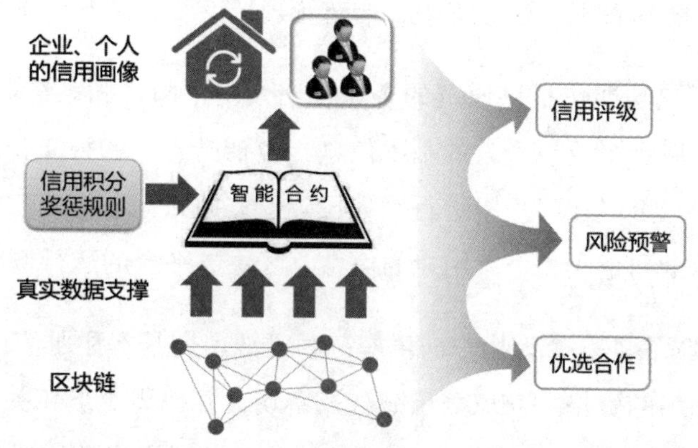

图 5-8　利用区块链进行信用评级

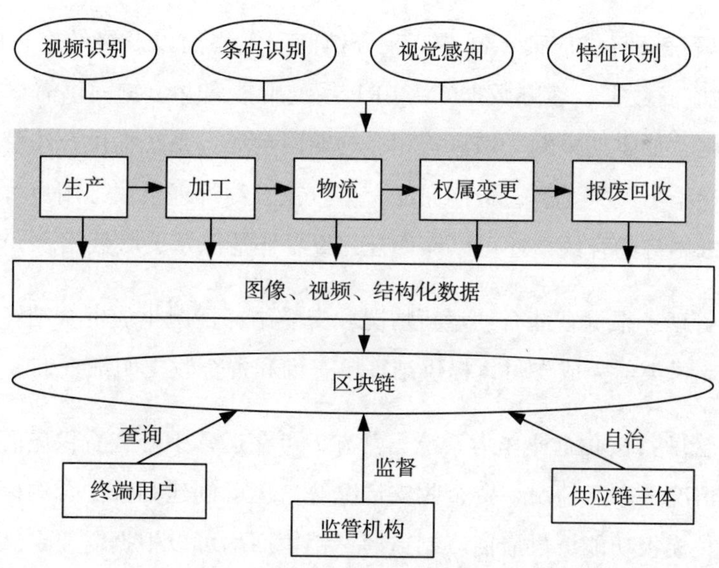

图 5-9　利用区块链进行商品追溯

5.4.3 主要功能

供应链上发生的业务种类繁多，区块链也可能涉及制造、采购、物流、金融等多种业务。但无论涉及哪种业务，一个基于区块链的供应链管理平台，其基本功能都应包括门户、用户管理、合约管理、资金管理、运营管理、系统管理和电子合同管理。

（1）**门户**：门户功能包括供应链的企业、个人用户门户和系统运营方门户。企业、个人用户门户用于展示企业、个人的基本信息，包括已签订的智能合约概况和已执行的智能合约概况；用户可以在门户中进行个人设置、修改密码、绑定邮箱、退出系统。系统运营方门户展示全网企业和个人用户的信息、区块链平台的运行概况。

（2）**用户管理**：企业、个人用户向供应链联盟链递交基本注册信息和 CA 认证信息，注册加入联盟链网络的资格，获取登录账号及密钥，并按需更新相关信息。供应链联盟（可以是核心企业一方，也可以是多个联盟链成员）审核用户的注册申请、分配用户权限，并管理已注册的用户。

（3）**合约管理**：将供应商、制造商、分销商、零售商以及终端客户的交易主数据（产品数据、供应商数据、客户数据）从 ERP 系统中抽离并上链。供需双方可以通过协商制定合约规则，如定期采购、满额折扣、到期回购等。系统提供合约模板，由一方填入参数后，传递给另一方签署，最终完成交易。在合约管理模块，用户可以查询已签订的合约、撤回未签订的合约，还可以穿透合约查看详情以及关联数据。

（4）**资金管理**：根据智能合约运行情况和交易结算情况生成资金结算单，通过银行转账或第三方支付渠道完成支付，提供结算单查询和资金收支明细查询。

（5）**运营管理**：核心企业作为系统运营方，可在运营中心查看供应商情况、客户情况、相关交易情况、产品情况、资金收支情况等，也可创建和维护合约模板。同时，系统也提供自定义模板功能，供应商、制造商、销售商均可以根据需要定义智能合约的模板，并预存在系统中。

（6）**系统管理**：系统管理模块提供日志、消息、应用服务和区块链平台状态监控等功能。系统运营方可以添加或删除节点、设置节点的类型（背书节点 / 记账节点 / 普通节点）。所有接入供应链联盟的用户均需通过第三方 CA 认证。企业管理员 / 个人用户可以通过此功能对企业 / 个人的信息进行更新。企业管理员可以通过上传营业执照进行企业认证。系统运营方、企业管理员可以添加角色，可以为角色分配系统操作权限。

（7）**电子合同管理**：在采购、仓储、物流、销售等环节，都会涉及合同。为了促进一个庞大、跨地域的供应链高效运作，电子合同很有必要。系统应联合第三方合同认证机构提供电子合同的签署、修改、查询、存证等功能，确保电子合同的法律效力。此外，电子合同也可以在区块链上存证，对此第 4 章已有详细介绍，此处不再赘述。

5.4.4 架构设计

1. 系统架构

基于区块链的供应链管理系统架构分为数据资源层、产品服务层、产品应用层和负载均衡层（见图 5-10），其中：

（1）**数据资源层**：应用数据存储，主要包括关系型数据库、非关系型数据库、缓存服务、区块链分布式账本；其中关系型数据库主要存储业务数据、电子合同等不上链数据；非关系型数据库主要存储合同文本、日志等非结构化数据；缓存服务提高系统访问效率；区块链分布式账本与企业 ERP 系统相连接，存储主数据地址。

（2）**产品服务层**：系统按微服务方式，根据业务场景划分为不同的产品服务，主要包括门户服务、主数据服务、4A 服务、订单服务、销售服务、区块链服务等；服务可独立部署，也可以集中部署。系统服务提供 SAAS 服务能力，为构建不同的区块链应用提供支撑。

（3）**产品应用层**：依据不同的业务主体角色构建业务系统，主要包括核心企业（以零售商为例）、供应商、制造商、分销商、服务支持方系统；网络中的业务主体可动态管理。

（4）**负载均衡层**：各业务系统支持横向扩展，负载均衡层提供统一访问服务，保证服务的高可用性。

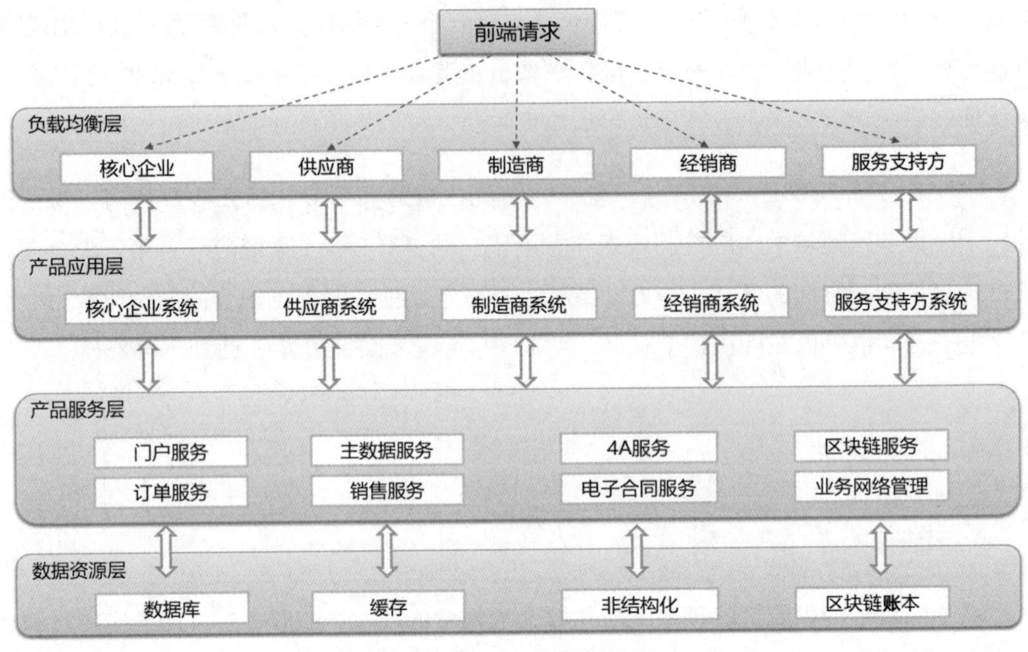

图 5-10 系统架构

2. 技术架构

基于区块链的供应链管理系统的技术架构分为基础层、平台层、应用层和展现层（见图 5-11），其中：

（1）**基础层**：基础设施服务层可以提供多种选择，如物理机、虚拟化资源、容器、云。

（2）**平台层**：平台层包括基础应用平台和区块链服务平台。基础应用平台基于 Java EE/Spring 主流技术，主要包括 Spring Framework、Spring Data、Spring cloud、Spring Boot 等。统一的缓存服务、消息服务、调度框架、事务管理、安全服务等构成了基础应用平台。为产品应用提供灵活扩展能力、高可用性、安全性高等平台基础。区块链服务平台采用联盟链技术，提供区块链底层的网络通信、存储、隐私保护、共识机制、权限管理、合约引擎、多链等核心组件，为产品应用提供底层支撑，同时与基础应用平台深度融合，保证平台的统一性。同时，服务平台还提供区块链浏览器、云管理服务以及策略与配置服务。

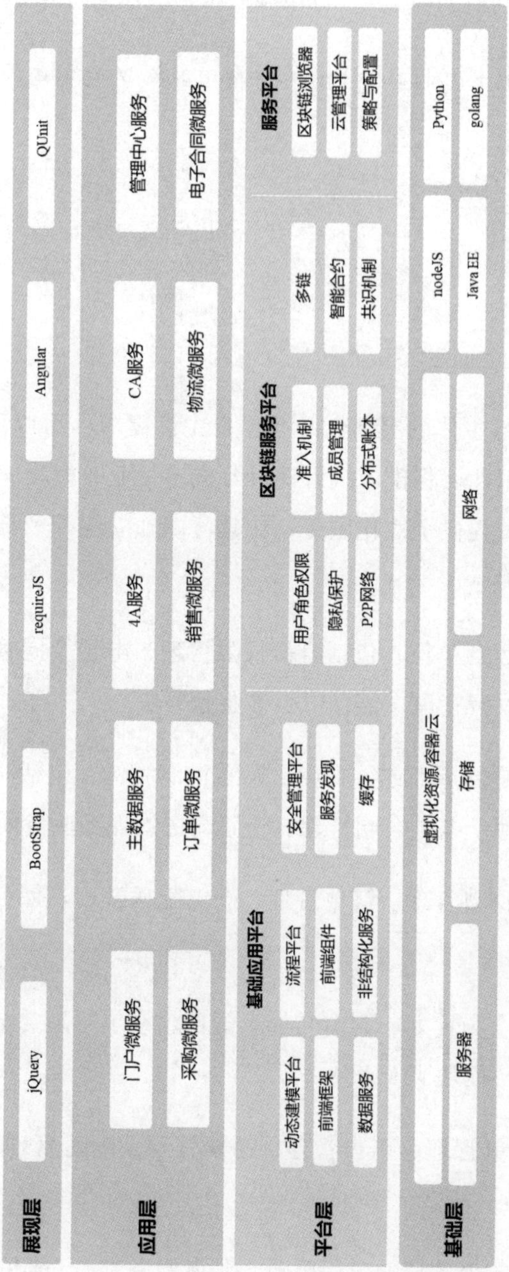

展现层
jQuery
BootStrap
requireJS
Angular
QUnit

应用层
门户微服务
采购微服务
主数据服务
订单微服务
4A服务
销售微服务
CA服务
物流微服务
管理中心服务
电子合同微服务

平台层
基础应用平台
动态建模平台
前端框架
数据服务
流程平台
前端组件
非结构化服务
安全管理平台
服务发现
缓存
区块链服务平台
用户角色权限
隐私保护
P2P网络
准入机制
成员管理
分布式账本
多链
智能合约
共识机制
服务平台
区块链浏览器
云管理平台
策略与配置

基础层
虚拟化资源/容器/云
服务器
存储
网络
nodeJS
Java EE
Python
golang

图 5-11　技术架构

（3）**应用层**：应用层依托平台层能力，根据业务场景、微服务、SOA 设计理念，抽象不同的服务组件，主要包括门户服务、订单微服务、电子合同微服务等。

（4）**展现层**：展现层采用主流的 BootStrap、requireJS、Angular 技术框架实现前端展现。

5.5 关键技术及方法

5.5.1 微服务

为了满足供应链各个参与主体的灵活性、数据自主性需求，可以采用微服务架构，让系统具备可扩展性和高可用性。将供应链管理拆分成多个业务模块，每个模块专注于供应链某一主体的业务，对其提供个性化服务，让其可以独立编译及部署。本节微服务网络架构如图 5-12 所示，其中：

（1）服务支持方即平台运营单位，包括身份权限管理、电子合同管理、智能合约创建和配置、运行状态监控、收费管理、信息中心等业务模块。

（2）核心企业用户可以是制造商或零售商。以零售商为例，包括需求与计划、供应商管理、订单管理、销售管理、电子合同管理、仓储配送管理等业务模块。

（3）供应商用户包括原材料管理、订单管理、仓储配送管理、库存管理、电子合同管理、账户管理等业务模块。

（4）制造商用户包括需求与计划、制造与加工管理、订单管理、电子合同管理、仓储配送管理、账户管理等业务模块。

（5）分销商用户包括订单管理、销售管理、结算管理、配送管理、电子合同管理、账户管理等业务模块。

各个主体的功能模块打包为各自的应用服务，各微服务都有对应的独立业务数据子库，每个服务运行在独立的进程中，只关注单一的业务功能。服务和服务之间采用轻量

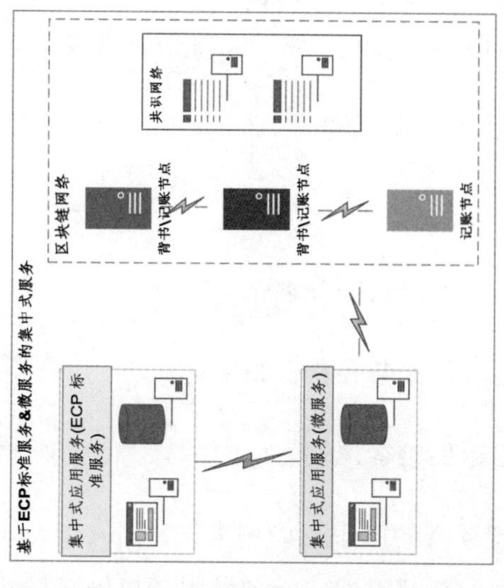

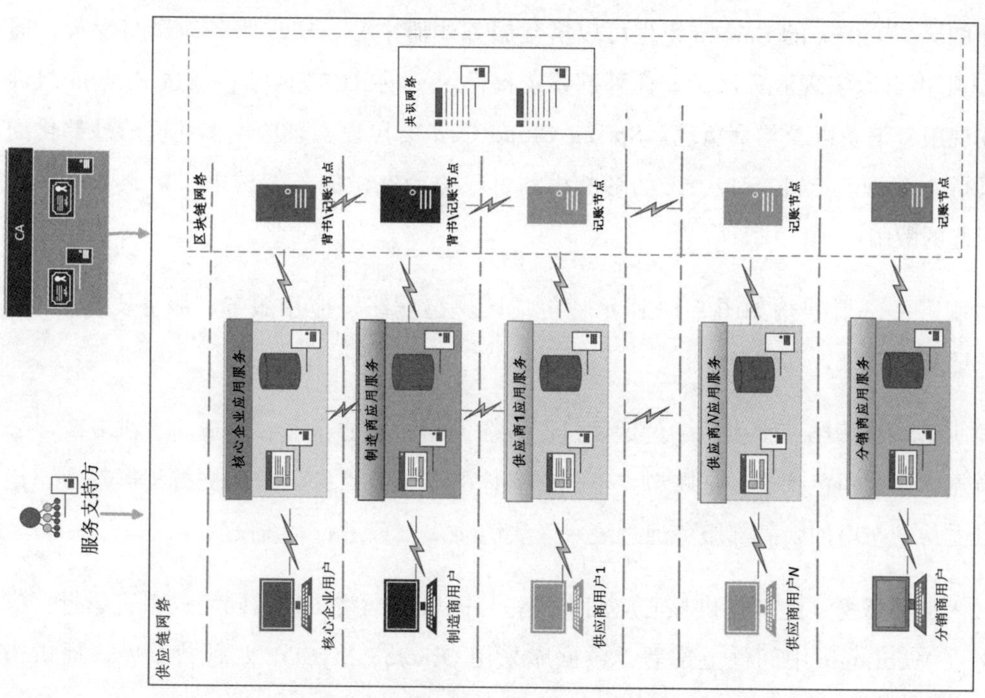

图 5-12　微服务网络架构

级的通信机制相互沟通、彼此协作，各个主体通过同步记账向区块链网络写入数据，从而组合成一个完整的系统。由于拆分的模块之间耦合度很低，当发生问题时影响范围仅局限于该模块本身，而系统中的其他主体不受影响，整个系统依然可以正常运转。

微服务的基本工作流程为：

（1）客户端发起调用请求；

（2）调用的内容被序列化后通过网络发送给服务端；

（3）服务端接收到调用请求，执行具体服务并获得结果；

（4）将执行结果序列化后通过网络返回给客户端。

采用 Spring Cloud 作为供应链管理系统的微服务应用框架。Spring Cloud 提供了一系列工具，可以快速搭建分布式系统中的公共组件，为各类服务提供模板性配置。通过 Spring Cloud Netflix 的 Eureka 组件可以搭建服务注册中心，实现服务注册与发现；通过 Zuul 组件可以实现服务网关，向外部系统提供统一的 REST API ；通过 Ribbon 组件可以实现服务消费以及均衡负载。Spring Cloud Config 可以实现应用多环境的外部化配置以及版本管理。此外，Hystrix 的融断机制可以避免在微服务架构中个别服务出现异常时引起的故障蔓延。

微服务的部署架构如图 5-13 所示，包括区块链网络、应用服务、服务支持和 CA 身份认证 4 个部分，其中：

（1）**区块链网络**：提供统一的区块链服务。网络中核心企业、制造商、供应商、分销商节点体现为角色代表，记账节点不代表具体的参与方。共识节点支持集群部署，记账节点支持动态增加，外部服务通过统一区块链接入服务进行系统交互。

（2）**应用服务**：主要提供核心应用服务，与区块链网络协作共同完成系统运行。应用服务在 WebLogic 中间件上部署，数据库采用 Oracle、MySQL 两种数据库，提供横向扩展能力。

（3）**服务支持**：为供应链管理运营方提供服务管理，独立部署，负责各网络的配置

区块链网络
核心企业（零售商）记账节点
记账节点
记账节点
peer锚节点
记账主节点
制造商记账节点
peer锚节点
记账节点
记账节点
记账主节点
排序集群
共识节点
共识节点
共识节点
消息集群
kafka消息服务
Zookeeper服务
供应商记账节点
记账主节点
gossip
记账节点
记账节点
peer锚节点
分销商记账节点
记账主节点
gossip
记账节点
记账节点
peer锚节点
接入服务
CA集群
CA服务
服务支持方
服务管理
非结构化
DB
应用服务
门户服务
主数据服务
订单服务
电子合同服务
…
DB
非结构化
缓存

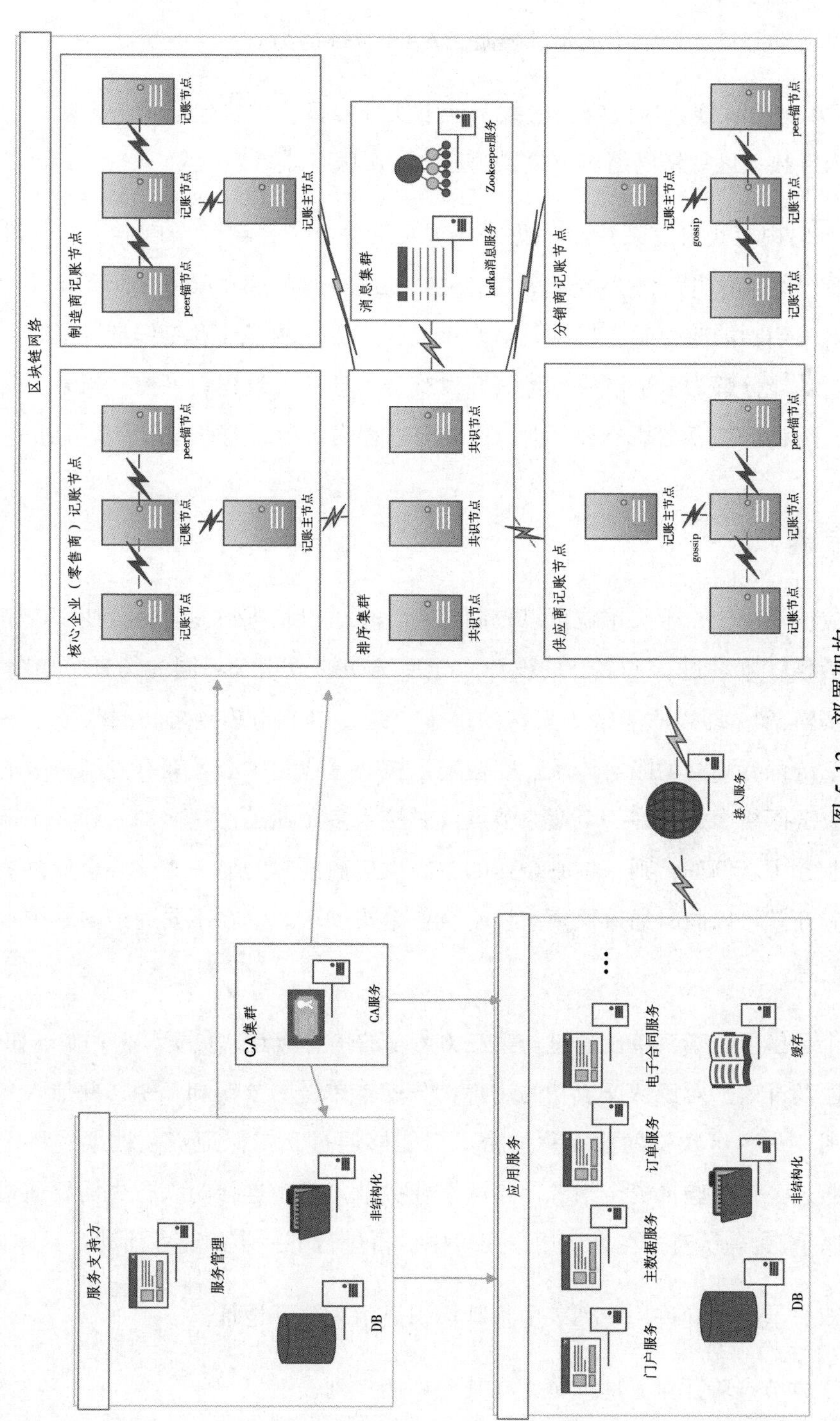

图 5-13　部署架构

和管理。可以动态增加网络中成员，实现 BAAS 服务能力。

（4）**CA 身份认证**：提供统一的数字证书认证服务，主要包括参与方接入、用户接入、应用服务接入区块链网络等；提供第三方 CA 服务。

微服务架构模式有着系统组件化、部署灵活独立、系统复杂度低、易于维护等优势。它将系统组件化并分解为若干个相对独立的服务，服务和服务之间不相互依赖，可以独立部署。当功能改变时，只需要修改相应的服务，减轻开发工作量。同时，微服务架构将复杂功能分解为多个模块，降低开发难度，让开发过程更可控。当某个功能出现问题时，故障将被隔离在某个服务中，不会向进程内扩散，这样也就降低了维护风险。

5.5.2 多链

在供应链活动中，牵头单位可以是制造商，也可以是零售商。为了使供应链管理系统更具灵活性，本章进行了多链的设计，让系统能够适用于不同的场景。如图 5-14 所示，所谓多链 [28]，即以联盟链为架构的多个单链，单链与单链之间的业务交易互相隔离，每个单链都有独立的账本体系。联盟链以核心企业为中心，拥有更高一级的用户权限。在供应链网络中，允许一个业务节点同时接入多条通道，从而加入到多条链，参与到不同的业务中。例如，某一核心企业的二级供应商同时为另一家核心企业供货，那么该二级供应商就可以同时加入这两家核心企业牵头的单联，在不同通道中维护自己所在链的账本信息。

在某个单链上，牵头单位通过与第三方 CA 的信息交互，负责其他用户（如供应商）的身份认证及准入。对于认证成功的用户，分配本单链的公钥和私钥，并加入允许用户列表。众所周知，区块链的非对称加密不仅能够通过私钥保证资金被某一特定用户接受，也能通过公钥来验证资金来源。当两个业务节点发生连接时，首先需要通过公钥验签完成“握手”，确认对方在允许用户列表中，再进行下一步的业务活动。具体如下：

（1）双方节点在允许用户列表中将其标识显示为公开地址。

（2）双方节点验证对方地址是否在其允许用户列表上。

（3）双方节点向另一方发送质询消息。

（4）双方节点发回质询消息的签名，证明他们对公开地址所对应的私钥的所有权。

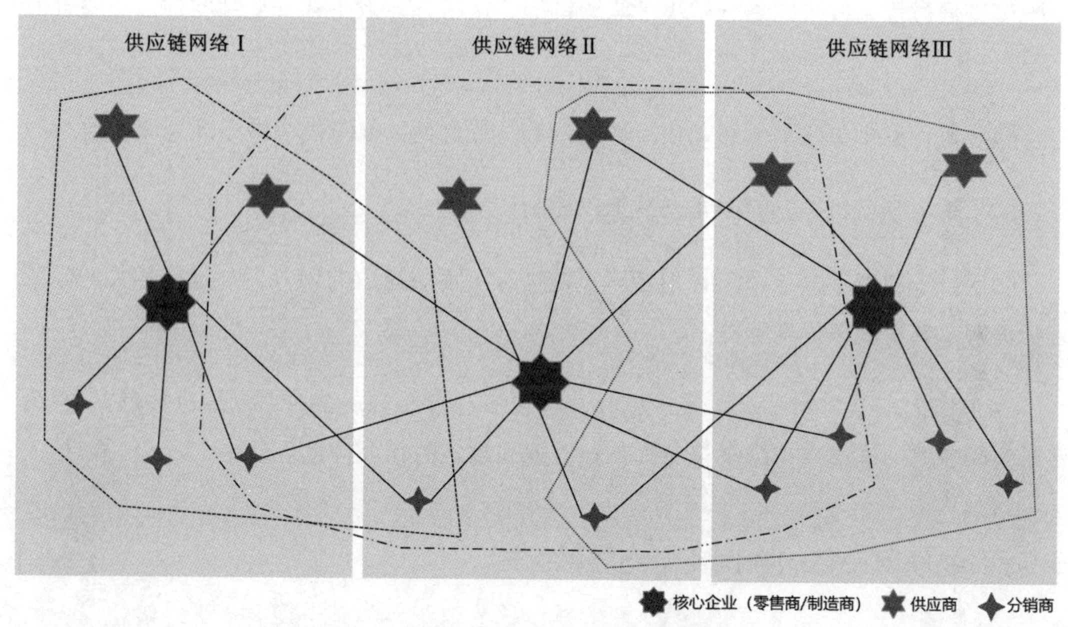

图 5-14　供应链管理系统的多链设计

如果任一节点对结果不满意，则终止该连接。

在单链创建时，允许牵头方在配置文件中设置该条单链的参数，包括区块链协议、出块时间、区块大小、活动权限类型、共识难度、点对点连接的 IP 端口以及 JSONRPC API、允许交易的类型、每次交易的最大元数据。多个单链可以在单个服务器上处于活动状态，每个单链都有自己的名称和配置文件。要创建新的单链，需要两个步骤：第一，牵头方输入链的名称，创建包含默认设置的配置文件，用户可以修改此文件；第二，牵头方启动区块链，并被赋予所有用户权限。创世区块自动加载，保存配置文件中所有区块链参数的哈希值，以防止后续的意外更改。

首次启动时，区块链仅在单个节点上运行。如果要添加新的节点，需要提供三个参数：目标区块链名称、目标区块链的 IP 端口、现有节点的 IP 地址。之后，系统生成包含新节点地址的消息并发送给牵头方；牵头方验证新节点身份，成功后通过创建简单命令向该地址赋予连接权限，准予接入区块链；最后，新节点自动下载该条单链的配置文件，成功连接。

多链通过用户权限的划分解决了联盟链的数据隐私、效率和安全性问题，主要价值在于：

（1）确保某个单联上的活动仅对选定的参与者可见，保障供应链活动的保密性。

（2）引入预警机制，对异常交易加以控制。

（3）共识机制不同于公链，由于对多链进行了不同通道的划分，与规模相关的问题迎刃而解，共识效率得到了提高。

（4）作为一个封闭系统，某个单联只包含参与者感兴趣的交易（信息传递），避免区块链随着时间推移变得越来越庞大，包含越来越多的冗余信息。

5.5.3 物联网设备的数据安全与隐私保护

在供应链管理系统中，除了记录资金、订单的情况，还希望能够将资产的真实情况反映到区块链上。例如，用区块链记录材料采购、加工运输到终端销售的整个环节，并在区块链上追溯货物的生产过程、物流路径等细节，真正做到资金流、贸易流、物流的三流合一。国内外已有文献涉及这方面的研究，主要集中在药品、零部件和食品供应链的追溯方面。在这些场景中，需要从接入物联网（Internet of Things, IoT）的设备上获取信息。

物联网本质上是一个传感器智能网，通过 RFID、红外感应器、激光扫描仪等传感设备将物体与互联网连接，实现物体的智能化识别、定位、监控与管理。然而不幸的是，有研究表明物联网设备存在着安全隐患。2015 年，美国应用安全公司 Veracode 测试了 6 种常见的物联网设备，发现了严重的安全问题。该团队分析了物联网系统中使用的通信协议安全性，检查了前端（用户与云服务之间）和后端（设备与云服务之间）的连接，发现除了一种设备外，其他设备都未能执行强密码，因此前端连接是不安全的；另外，一些设备对用户连接缺乏加密，这将导致他们更容易受到攻击。后端的测试结果更加糟糕，一些设备没有针对中间人攻击提供足够的保护，也缺乏对回放攻击的预防，这可能会出发未经授权的操作；在实施过程中，也缺乏适当的证书验证，不能妥善保护敏感数据。

此外，大规模分布式传感设备的接入也让物联网的安全运维面临着挑战。基于 Mirai 僵尸物联网的分布式拒绝服务（DDoS）攻击曾经造成 Dyn 瘫痪，使得 Twitter、Paypal 等知名网站不得不中断服务。随着物联网设备的指数级增长，中心化的数据管理负载过重，造成信息严重堵塞，数据标准不一致还有可能导致通信兼容问题。目前的物联网中大部分数据都保存在中央服务器，通过集中数据管理服务器（CDMS）在广域网上提供服务。然而，提供服务的可靠性和可信赖性不能以完全安全的方式进行，数据的安全问题和隐私问题时有发生。通过虚假认证，设备有可能将更多的敏感数据泄露到通信网络或 NPT 之外，安全和隐私问题成为物联网发展的最大阻碍。

为了处理大规模物联网系统中的大量数据，需要增加互联网基础设施。解决此问题的最佳方法是利用分散式或分布式网络取代对数据的集中维护。该分布式网络需要满足“对等网络（PPN）、分布式文件共享（DFS）和设备自治与协作（ADC）”，而区块链技术正好同时具备这三个功能。区块链允许物联网系统跟踪大量连接和设备，并协调设备之间的信息交互；同时，在分布式账本的帮助下，物联网可以以更快的方式进行对等消息传递。使用区块链技术的物联网系统，其网络结构和数据传递过程均不同于传统的物联网。如图 5-15 所示，传统的物联网采用中心化的网络结构，数据流向为传感器→广播网络→路由器→互联网→中央服务器→大数据→数据分析→用户；而在基于区块链的物联网中，采用多中心或完全分散式的网络结构，数据流向为传感器→广播网络→路由器→互联网→区块链分布式网络→数据分析→用户。这里，区块链取代了中央服务器和大数据，数据被分散存储和访问，计算被边缘化。区块链的分布式网络不受单一用户控制，消除了单线程通信（STC）的信任危机，用户的数据可以掌握在用户自己手中。随着物联网中采用区块链技术，数据流将变得更加安全和可靠。

因为区块链具有很强的可追溯性，可以通过提高供应链前向和后向关联的安全性来确保供应链安全。当供应链上的物品改变所有权时，区块链会记录时间、地点、价格、参与双方以及其他的相关信息。如图 5-16 所示，以物联网设备制造商 / 网络提供商为例，既可以通过区块链访问上游供应链不可变更的产品交易记录、追溯原材料在供应链中的生命轨迹，也可以通过相关的交易记录识别下游供应链易受攻击的物联网设备用户，跟踪漏洞处理进度并向用户发出警报。如果发现物联网安全漏洞，区块链可以跟踪此漏洞并在它进一步恶化之前加以遏制，这样与物联网相关的安全危机（如 Dyn 上的网络攻击）会变得更容易处理。

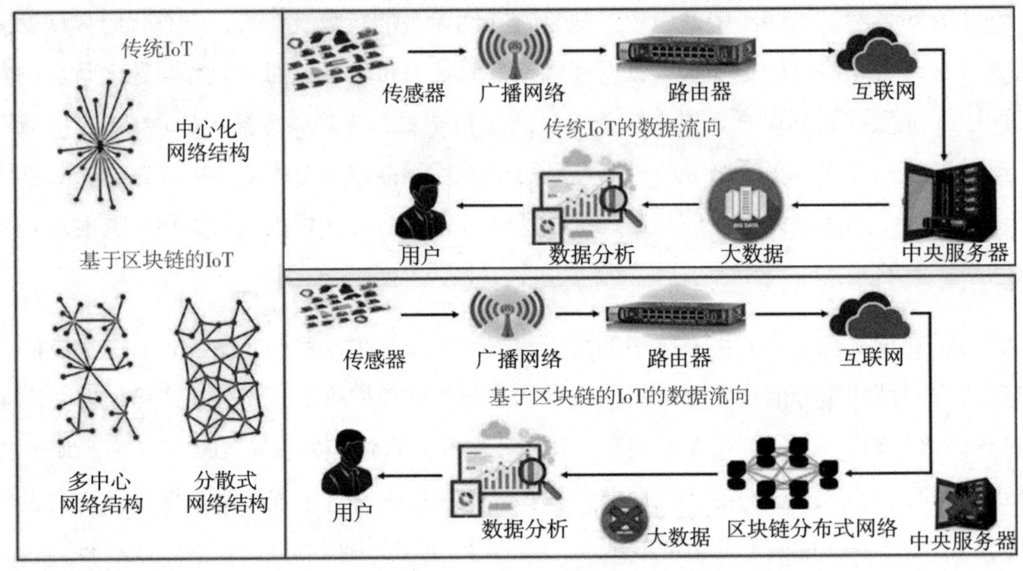

图 5-15　传统物联网和基于区块链的物联网对比

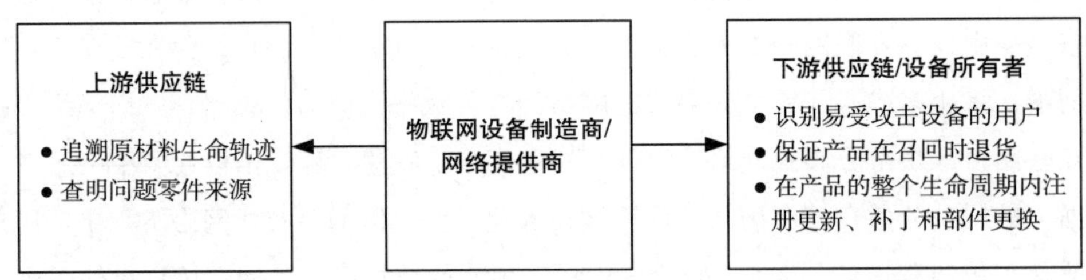

图 5-16　区块链在提高物联网设备前向和后向关联安全性的作用

5.6　结束语

本章介绍了区块链在供应链管理及供应链金融中的应用背景与应用现状，分析了区块链技术与供应链业务活动的匹配度，并提出了基于区块链的供应链管理解决方案。方案通过总体设计、业务设计、功能设计和架构设计阐述了对一个基于区块链的供应链管理系统的构建方法，并对可能涉及的微服务、多链和物联网设备安全技术进行了描述。通过将不同企业的 ERP 系统主数据上链，可以打通企业间的信息壁垒，并保护商业数据在网络中传播的安全性和私密性；利用智能合约能够保障供应链的信任环境，提升供应链运作效率。然而，将区块链技术在供应链领域的应用还属于初级阶段，还面临着很多困难，例如缺乏通用标准和监管、缺乏成功的应用案例、参与主体对新技术认识程度不高、不愿意共享数据、区块链人才短缺、开发成本高等问题。但是，伴随着技术的日趋成熟、国家政策的大力支持、应用落地的逐渐增多，区块链技术将逐步被市场所接受，在供应链领域大放异彩。

参考文献

[1] 梅卓军 . 一种电子证照信息交互的系统及方法：中国，201510384249.1[P]. 2015-06-30.

[2] 刘骅毅 . 一种非介质电子证照系统：中国，201310231870.5[P]. 2013-06-13.

[3] 王新华，金刚，赵喜军，等 . 电子认证在可信电子证照中的应用 [J]. 信息安全研究，2016, 2(6): 543-547.

[4] 浙江汇信科技有限公司 . 基于数字证书互联互通的身份认证支撑平台及认证方法：中国，201310422472.1[P]. 2013-09-16.

[5] NAKAMOTO S. Bitcoin: a peer-to-peer electronic cash system[R/OL]. (2008-10-31) https://bitcoin.org/bitcoin.pdf.

[6] 闵旭蓉，杜葵，戴逸聪 . 基于区块链技术的电子证照共享平台设计 [J]. 指挥信息系统与技术，2017, 8(2): 47-51.

[7] 杭州云象网络技术有限公司 . 一种基于区块链技术的电子政务系统建设方法：中国，201610605093.X[P]. 2016-07-28.

[8] 布比（北京）网络技术有限公司 . 一种区块链身份构建及验证方法：中国，201510959207.6[P]. 2015-12-18.

[9] SHARPLES M, DOMINGUE J. The blockchain and kudos: a distributed system

for educational record, reputation and reward[C]// Proceedings of 11th European Conference on Technology Enhanced Learning. Lyon: Springer, 2016: 490-496.

[10] BACK A, CORALLO M, DASHJR L, et al. Enabling blockchain innovations with pegged sidechains[R/OL]. (2014-10-22) https://blockstream.com/sidechains.pdf.

[11] SOMPOLINSKY Y, ZOHAR A. Accelerating bitcoin's transaction processing: fast money grows on trees, not chains[R/OL]. (2013-12-31) https://eprint.iacr.org/2013/881.pdf.

[12] AITZHAN N Z, SVETINOVIC D. Security and privacy in decentralized energy trading through multi-signatures, blockchain and anonymous messaging streams[J]. IEEE Transactions on Dependable and Secure Computing, 2018, 15(5): 840-852.

[13] WOOD G. Ethereum: a secure decentralised generalised transaction ledger Byzantium version[R/OL]. (2019-04-13) https://ethereum.github.io/yellowpaper/paper.pdf.

[14] CACHIN C. Architecture of the hyperledger blockchain fabric[R/OL]. (2016-07-01) https://www.zurich.ibm.com/dccl/papers/cachin_dccl.pdf.

[15] ANDROULAKI E, BARGER A, BORTNIKOV V, et al. Hyperledger fabric: a distributed operating system for permissioned blockchains[C]// Proceedings of the Thirteenth EuroSys Conference. Porto: ACM, 2018: 30-45.

[16] RAJ P, DEKA G C. Blockchain technology: platforms, tools and use cases[M]. New Delhi: Academic Press, 2018.

[17] SNOW P, DEERY B, LU J, et al. Factom whitepaper[R/OL]. (2018-04-25) https://www.factom.com/assets/docs/Factom_Whitepaper_v1.2.pdf.

[18] LI J, WU J, CHEN L. Block-secure: blockchain based scheme for secure P2P cloud storage[J]. Information Sciences, 2018, 465: 219-231.

[19] WANG S, ZHANG Y, ZHANG Y. A blockchain-based framework for data sharing with fine-grained access control in decentralized storage systems[J]. IEEE Access, 2018, 6: 38437-38450.

[20] LI D, DU R, FU Y, et al. Meta-Key: a secure data-sharing protocol under blockchain-

based decentralized storage architecture [J]. IEEE Networking Letters, 2019, 1(1): 30-33.

[21] SABERI S, KOUHIZADEH M, SARKIS J, et al. Blockchain technology and its relationships to sustainable supply chain management[J]. International Journal of Production Research, 2019, 57(7): 2117-2135.

[22] GAO Z, XU L, CHEN L, et al. CoC: a unified distributed ledger based supply chain management system[J]. Journal of Computer Science and Technology, 2018, 33(2): 237-248.

[23] 杨慧琴，孙磊，赵西超．基于区块链技术的互信共赢型供应链信息平台构建 [J]. 科技进步与对策，2018, 35(5): 21-31.

[24] ABEYRATNE S A, MONFARED R P. Blockchain ready manufacturing supply chain using distributed ledger[J]. International Journal of Research in Engineering and Technology, 2016, 5(9): 1-10.

[25] WEBER I, XU X, RIVERET R, et al. Untrusted business process monitoring and execution using blockchain[C]// International Conference on Business Process Management. Cham: Springer, 2016: 329-347.

[26] REIJERS W, COECKELBERGH M. The blockchain as a narrative technology: investigating the social ontology and normative configurations of cryptocurrencies[J]. Philosophy & Technology, 2018, 31(1): 103-130.

[27] TIAN F. An agri-food supply chain traceability system for China based on RFID & blockchain technology[C]// 2016 13th International Conference on Service Systems and Service Management (ICSSSM). Kunming: IEEE, 2016: 1-6.

[28] GREENSPAN G. MultiChain private blockchain - White Paper[R/OL]. (2015-06-01) https://www.multichain.com/download/MultiChain-White-Paper.pdf.